KB211864

밖에서 본 이슬람,
무슬림 이해하기
(밖에서 본 이슬람 시리즈 제1권)

밖에서 본 이슬람, 무슬림 이해하기 (밖에서 본 이슬람 시리즈 제1권)

초판 _ 2022년 10월 20일
저자 _ 김종일
펴낸이 _ 도서출판 라비사
디자인 _ enbergen3@gmail.com
인쇄 _ 세줄

출판등록 _ 제206-93-55712호
주소 _ 경기도 남양주시 덕소로97번길 101. 114동 505호
전화 _ 010-9290-8851
Fax _ 050-4061-8851
이메일 _ rabisa.books@gmail.com
홈페이지 _ https://cafe.naver.com/rabisabooks
ISBN 979-11-980120-2-9

값은 표지에 있습니다.

밖에서 본 이슬람,
무슬림 이해하기
(밖에서 본 이슬람 시리즈 제1권)

Recommendation

추천사 가나다순

저자는 근본주의적인 이슬람에서 벗어나 세속주의 이슬람을 지향하는 튀르키예에 오랜 기간을 체류하면서 이슬람과 무슬림에 대해 보다 객관적인 시각을 가지고 접근할 수 있게 해 주었습니다. 그 결과가 저자의 다양한 시각과 관점이 책 안에 잘 나타나 있습니다. 이제는 무슬림이 저 멀리 있는 자들이 아니라 우리의 이웃이 되어가고 있습니다. 먼 나라 무슬림에게 선교하러 가기 이전에, 먼저 우리의 이웃으로 살아가는 무슬림들을 이해하는 것이 필요하다고 봅니다. 그런 면에서 본서는 독자에게 매우 유익합니다.

강석형
은현교회 담임목사, 우리시대선교연구소(KICOM) 대표

저자는 모든 열방에 대한 선교적 비전이 분명한 분입니다. 특히, 튀르키예 사람들에게 그리스도의 복음을 전하는 선교사이자, 목회자입니다. 이 책을 읽으면 무슬림들에게 더욱더 효과적으로 소통할 수 있게 합니다. 더구나 중동 연구에서 뛰어난 스칼라십(학문적 성취)을 쌓아 왔기 때문에 이슬람에 대한 심오한 통찰력을 보여준다. 이 책에는 현장 선교사로서의 경험이 녹아 있습니다. 또, 무슬림에게 복음으로 다가가는데 실질적인 안내를 주고 있어서 한국 교회 성도들이라면 꼭 이 책을 한번 읽어보기를 권합니다.

공요셉
전, 아랍권 선교사, 국내 이슬람권 선교사 네트워크 이슬람 전문위원

우리가 무슬림들과 만나지 않고서는 주님의 지상명령을 제대로 지킬 수가 없는 것입니다. 이 책의 저자는 무슬림들을 깊이 알고 사랑하는 분입니다. 그래서, 저는 저자의 스토리와 통찰을 통해 우리의 생각이 새로워질 것이라고 봅니다. 부디, 우리 곁으로 찾아온 무슬림 손님들을 우리의 이웃으로 받아들여서 그들에게 주님의 사랑을 전할 수 있는 우리 한국 교회가 되기를 바랍니다.

김승욱

할렐루야교회 담임목사, 국내 이슬람권 선교사 네트워크 자문위원

이번 『밖에서 보는 이슬람』은 이런 그의 지식과 경험이 녹아 있는 책입니다. '밖에서 본다'라는 표현에서 그의 조심스러움이 묻어납니다. 무슬림이 아닌 사람이 이슬람 신학과 전통을 공부한 것이 아닌데 혹시 남의 종교를 곡해할 수 있지 않을까 하는 조심스러움을 느낄 수 있습니다. 그러나, 떨어져서 보면 전체를 잘 볼 수 있는 것처럼 밖에서 보면 안에서 볼 수 없는 것들을 더 잘 볼 수도 있습니다. 독선적인 사람은 자기 의견만 주장하지만, 성숙한 사람은 다른 사람의 의견을 경청합니다. 이런 점에서 이 책은 무슬림들도 한 번쯤 볼 필요가 있다고 생각합니다.

김진홍

전, 이집트 선교사, 현, 수표교교회 담임목사, 아신대학교 중동연구원 원장

이슬람을 바로 알기 위해서는 첫째, 꾸란과 하디스, 샤리아법을 습득해야 합니다. 둘째, 각 나라와 종족별 무슬림에 정치 문화 역사 과정을 알아야 합니다. 그러므로 이슬람을 바로 안다고 하는 것은 참으로 어려운 과제입니다. 그러나, 기독교인들은 반드시 이 과제를 해결해야 합니다. 세계 모든 교회에 선교적 과제는 두 가지입니다. 첫째, 18억 무슬림을 어떻게 복음화할 것인가? 둘째, 미개척 및 미전도 종족 복음화입니다. 두 과제의 공통점은 무슬림이 포함되어 있다는 사실입니다. 특히, 국내에도 30여만 명의 무슬림이 거주하고 있습니다. 이책으로 인하여 많은 기독교인에게 이슬람을 바로 알고 복음을 전할 수 있는 매우 좋은 기회가 될 것입니다. 이 책을 예수 그리스도를 위하여 살아가는 모든 그리스도인에게 적극적으로 추천합니다.

나성균
서울한영대학교 국제선교대학원장, KWMA 공동회장

멀리만 존재하던 무슬림들이 지구촌(**World Village**)시대가 되면서 이제 우리 턱밑까지 다가와 있습니다. 우리가 이제 더 이상 잘 모르는 사람들이라고 외면할 수 없고 그들의 절대적, 집단적 신조인 이슬람에 대해서도 우리와 상관없는 것이라고 회피할 수 없습니다. 무슬림의 문화와 사고를 이해하고 그들에게 그리스도 예수를 바로 전하는 것이 한국 교회 선교의 '땅끝'임을 확신하면서 사랑하는 한국 교회에 이번 "밖에서 본 이슬람"의 일독을, 주님의 심정으로 간곡히 권하고 싶습니다.

장병석
터키어권선교회 이사장, 조선대학교 글로벌 인문대 특임교수

"밖에서 본 이슬람"의 출간을 축하드립니다. '무엇(what)을 말하느냐?'보다 '누가(who) 말하느냐?'가 더 중요합니다. 저는 김종일 선교사가 전하는 것은 가감 없이 믿고 신뢰합니다. 우리는 1990년 터키에서 만나 친구가 되었습니다. 그 이후로 그의 심장이 얼마나 뜨거운 지, 그리고, 복음을 잃어버린 땅을 향한 그의 열정과 헌신이 얼마나 대단한 지 쭉 보아왔습니다. 이 책을 통해 우리 한국 교회가 이슬람을 올바로 이해하고, 무슬림들을 구원의 길로 인도하는 길잡이가 될 것을 확신합니다.

우영수

전 한남대학교 이사장, 서교동교회 원로 목사, 사회복지법인 한국생명의 전화 이사

이 책에서는 저자가 경험한 이야기를 바탕으로 무슬림들에게 어떻게 지혜롭게 복음을 전할 수 있는지를 보여주고 있습니다. 저자는 현재까지 '이슬람'과 '무슬림'을 키워드로 한 다수의 선교 연구 논문들을 가지고 있습니다. 본서도 그중 하나로 그리스도인으로서 무슬림들에게 효과적으로 전도하기 위한 필독서로 추천합니다.

전철한

한국외국인선교회(FAN) 대표, 국내 이슬람권 선교사 네트워크 자문위원

국내 교회와 이주민 선교 현장을 향하여 하나님께서 무엇을 원하시는가를 바르게 깨닫고, 전심전력을 다해 이슬람이라는 종교 이데올로기에 대한 선교에 새로운 도전과 관심을 가지게 되기 바랍니다. 그런 의미에서 이 책은 모든 한국 교회 목회자들, 각 교단 선교위원들, 현장 선교단체와 이주민 사역자들, 신학생, 국내 무슬림 선교에 관심있는 모든 분이 읽어야 할 필독서로 추천하는 바입니다.

허은열
백석대 선교학 박사, 개혁주의생명신학선교학회 회장, 한국이주민선교연합회 공동대표

Notes
일러두기

무슬림들을 향한 올바르고도 정확한 이해 그 자체를 선교로 말할 수는 없습니다. 그러나, 그들을 정확히 이해하지 않고는 절대 올바른 선교가 어렵습니다.

이 책의 제목을 『밖에서 본 이슬람』이라고 정한 것은 무슬림이 아닌 필자가 이슬람 밖에서 소개하고 있기 때문입니다. 이 책은 한국 교회와 그리스도인들의 무슬림들을 올바른 이해하기 위해 필자의 짧지 않은 경험과 연구를 바탕으로 칼럼 형식으로 만들어졌습니다.

이 책은 '밖에서 본 이슬람 시리즈'로 각각 부제를 달아서 총 3권으로 나누어 발간 계획 중에 있습니다. 그중 이번 제1권은 『밖에서 본 이슬람, 무슬림 이해하기』로 일상에서 자주 만나는 무슬림들을 올바로 이해하는 것에 목표를 두었습니다. 제2권은 『밖에서 본 이슬람, 이슬람 이해하기』로, 그리고, 제3권은 『밖에서 본 이슬람, 기독교와 이슬람의 유비』로 출간 예정입니다.

국내에 이미 발간된 이슬람 관련 책들처럼 아무쪼록 이 책을 통해서도 우리 이웃으로 살아가기 시작한 무슬림들을 올바로 이해하고, 적극적으로 예수 그리스도의 복음을 전하는 일에 유용하게 사용되었으면 합니다. 그래서, 무슬림들이 예수를 더는 선지자가 아니라, 그리스도(구세주, 메시아)로 정확히 깨닫고, 받아들이는 놀라운 일들이 일어나는데, 이 책이 일조하기를 바랍니다.

끝으로, 이 책의 이슬람 관련 국문 표기에서 우리나라 표준 방식을 따르지 않고, 아랍어 원어 발음에 제일 가까운 발음으로 표기했습니다. 예를 들면, '모슬렘' 대신에 '무슬림'으로, '코란' 혹은, '쿠란' 대신에 '꾸란'으로, '모함메드' 대신에 '무함마드' 등으로 원어 발음에 가깝게 표기하려고 노력했습니다.

이 책이 나오기까지 인도하신 하나님께 감사드리며, 물심양면으로 도움을 주신 모든 분께 마음속 깊은 감사를 전합니다.
2022년 9월

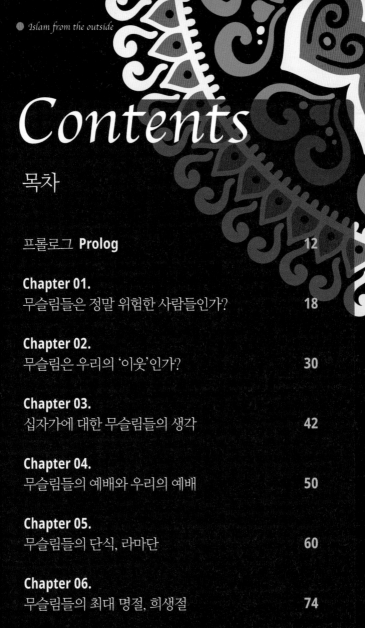

Islam from the outside

Contents

목차

프롤로그 Prolog

 ● 새 밀레니엄을 맞이하면서

그렇게 멀리 있는 것 같고, 공상과학 영화에서나 언급되던, 그래서, 우리와는 별로 관계가 없을 것 같던, 두 번째 밀레니엄, 2천 년 시대가 시작된 지 20년이 넘었습니다.

당시 새 밀레니엄이 시작했을 때, 기독교인이든 아니든 우리 모두에게 특별한 의미를 주었던 이유는 "성경에서 계속 예언해 오던 그 종말은 정말 오는 것인가?"라는 긴장감과 설렘이 교차했기 때문입니다.

기독교인들에게는 다시 한번 자기의 신앙을 재정립하고 쇄신하려는 계기가 되었습니다. 기독교인이 아닌 이들에게는 어느 해보다도 더욱더 자기 삶에 대한 의미와 방향, 그리고, 신(神)의 존재를 한 번쯤 더 심각하게 생각하게 하는 시간이 되었습니다.

● 우리 교회의 심각한 현실

우리나라에 처음 기독교가 전해졌을 때의 고난과 핍박 시대를 지나,

이제 통계상으로나마 전 국민의 약 25%가 기독교인이라는 경이로운 숫자에 도달했습니다. 그러나, 그 숫자에 만족할 상황이 결코 아닙니다. 우리 교회는 과거 역사 속에서 부정적 원인으로 쇠퇴한 서구의 교회를 돌아보면서 반면교사로 삼아야 할 커다란 위기를 겪고 있습니다.

우리는 성경의 많은 사건 속에 나오는 여러 민족과 나라들처럼, 하나님과 함께 시작했던 이들이 점차 하나님을 멀리하고 부패하면서 결국 하나님 없이 멸망해갔던 것을 기억합니다.

이미 수년 전부터 적지 않은 기독교 매체는 한국 교회의 성장이 멈추었고, 이제 우리 기독교는 내리막길에 있다고 지적하고 있습니다. 또, 우리 기독교인은 이 세상에 대해 더 이상 소금과 빛으로서 역할을 제대로 감당하지 못하고 있다고 지적당했습니다.

매년 해마다 신학교에서 복음과 선교를 외치며, 헌신을 다짐하며 졸업하는 수많은 신학생과 선교사 후보생들이 지속해서 나오고 있음에도 왜 우리 교회는 더 새로워지지 않는 것일까요?

최근, 우리 기독교인의 삶을 살펴보면, 예수 그리스도의 삶과는 정반대로 보입니다. 예수께서 말씀하시고, 몸소 삶을 통해 늘 보이신 그 길을 우리에게 따를 것을 말씀하셨지만, 어쩌면 그렇게 많은 기독교인이 하지 말라는 것들을 하려 하고, 하라는 것들을 하지 않으려는 고집스러운 집착을 도무지 이해할 수 없습니다. 정말 구원받은 사람들이 맞는지, 정말 천국 가려는 사람들이 맞는지 의심스러울 정도입니다.

이렇게 우리 교회의 부정적 모습들을 세다 보면, '잘못된 전통'의 악순환이라는 깊은 절망감으로 무엇을, 어디서부터, 어떻게 다시 시작해야 좋을지 알 수 없을 정도로 마음이 무겁고 답답합니다. 그러나, 우리 주님은 우리가 아무것도 하지 않은 채 낙담해 있기를 원하지 않으시며, 다시 우리가 회복하기를 원하십니다.

 ## 100년의 선교 역사를 넘긴 한국 교회

고난과 핍박의 기독교 초기 정착 시대를 보낸 우리 한국 교회가 이제 선교 100년의 장을 넘기며 두 번째 새천년으로 새롭게 들어간 지 다시 20년이 흘렀습니다. 지금 우리는 우리의 부패와 비도덕성 때문에 역사 속에서 결국 그저 잠깐 스치고 지나간 이름 없는 민족으로 남을 것인가, 아니면, 다시 한번 새로운 회복과 부흥을 통해 하나님의 백성으로 세계 모든 기독교인의 본이 되며, 생명책에 기록되는 하늘나라의 시민으로 남을 것인가에 대한 매우 심각한 문제 속에 빠져 있습니다.

과거 해가 지지 않는 나라로 알려져 왔고, 세계선교를 주도해 왔던 대영제국이 이제 교회에서부터 먼저 해가 지고 있다고 영국인들 스스로 가시 있는 농담을 주고받습니다. 그러나, 그런 일들을 남의 얘기처럼 할 처지가 아닙니다. 이제 우리 교회도 만만치가 않습니다. 우리 교회의 심각성이 드러나고 있습니다.

● 심각한 인구문제와 해결책

여기에다, 우리나라의 인구문제는 극도로 심각해서 수년 전부터 세계 최저 출산율을 기록해 왔습니다. 이에 따라, 2020년에 5천여만 명이었던 총인구가 2070년에는 3천 7백만 명으로 줄어들 것으로 전망합니다. 우리 정부의 다양한 출산장려정책에도 체감 경제위기에다가 비혼, 만혼이 늘어나면서 우리나라의 인구정책에 비상이 걸린 지 벌써 오래되었습니다.

일반적으로, 한 나라의 고용률은 생산가능인구 중 취업한 사람들의 비율, 즉, 얼마나 많은 사람이 실제 취업해 있는지를 나타내는 지표이며, 노동시장의 현황을 핵심적으로 보여줍니다. 지금 우리나라의 고용률은 정체되어 있으며, 다른 선진국에 비해서도 현저하게 낮은 편입니다.

이 문제를 해결하기 위해 지난날 서구 국가가 시행했던 방법 외에는 뾰족한 해결 방법이 보이지 않습니다. 바로, 외국인들의 국내 유입 정책입니다. 지금 우리나라는 250만 명의 외국인 시대가 되었고, 이 수는 점차 증가할 것이 확실한 일입니다. 이제 우리나라는 더는 단일 민족 국가라고 말할 수 없습니다. 2024년에는 유엔 **UN**에서 말하는 대로 외국인의 수가 총인구의 5%를 넘는 다민족국가가 될 것으로 내다봅니다.

🕌 ● 국내로 들어오는 무슬림들

이제 상황이 많이 달라졌습니다. 수많은 외국인과 함께 무슬림들이 국내로 들어오면서 지금 우리 이웃이 되어 살아가기 시작했습니다. 이에 따라서, 우리 교회는 이들을 향한 복음 전파의 사명을 어느 특정한 이들에게 돌릴 수만은 없게 되었습니다. 이들을 향해서 교회가 직접 할 일이 없다고 더는 핑계 댈 수 없게 되었습니다.

이제 절대 쉽지 않은 해외 이슬람권 선교 현장이 지금 우리 국내로 옮겨졌습니다. 이에 지금 이웃으로 살아가는 무슬림들에게 적극적으로 복음을 전하기 위해서는 이들에 대한 올바른 이해가 꼭 필요하게 되었습니다.

무슬림들에게 진리이신 예수 그리스도를 전하는 일에 있어서, 비록 우리가 옳고, 저들이 옳지 않다고 해서 저들을 존중하지 않고, 하대하거나, 심지어, 이들을 자극하면서 우리의 진리를 전하려는 노력은 올바른 접근이 아닙니다.

그것은 마치, 계속해서 그들을 나쁘다고 비판하고, 부정적으로 몰아가면서 언젠가 그들이 생각을 바꾸어 복음 앞으로 나올 것이라고 기대하는 것과 같습니다.

● 선교하지 않으면 더는 교회가 아닙니다

이 세상의 모든 교회는 잃어버린 영혼을 구원하는 선교를 위해 지음 받았습니다. 모든 교회는 선교를 위해 존재합니다. 그러므로, 선교하지 않는 교회는 더는 교회가 아닙니다. 선교는 모든 교회의 본질이 되어야 합니다.

지금 국내 250여만 명의 외국인, 그중에서도 30여만 명의 무슬림, 그리고 7만여 명의 난민 신청자들을 우리 곁으로 보내주신 분은 바로 하나님이십니다. 이는 우리 민족을 사용해서 잃어버린 이들을 구원하려는 하나님의 계획입니다. 다시 한번 우리 교회를 회복하려는 주님의 섭리입니다.

그러므로, 이제 우리가 이 세상을 변화시킬 것인지, 아니면, 이 세상에 의해서 우리가 변질해 버릴 것인지는 우리에게 달렸습니다. 그 결단에 따라, 우리 교회의 존폐 생사가 달렸습니다.

본질이 비본질에 의해 지배되고, 진리가 비진리에 의해 묻혀버리는 일이 또다시 일어나지 않도록 우리 주님께서 하나님의 섭리를 믿는 이 땅의 모든 교회와 그리스도인들을 사용하여 일하실 것을 간절히 기도합니다.

Islam from the outside

Chapter 01.
무슬림들은 정말 위험한 사람들인가?

- 에코 체임버 Echo Chamber에 갇힌 사람들
- 유럽 사회에 형성된 무슬림 '게토'
- 또 하나의 반면교사 反面教師
- 흥미로운 얘기, 하나 더
- 우리 주님은 뭐라고 말씀하시나?

밖에서 본 이슬람,
무슬림 이해하기
(밖에서 본 이슬람 시리즈 제1권)

● 에코 체임버 Echo Chamber에 갇힌 사람들

최근 우리나라에 입국한 삼백여 명의 아프가니스탄 사람들에 대해서 그들이 전부 무슬림이라는 사실 하나만으로도 긴장하는 사람들이 있습니다.

이슬람교는 지난 1400년 동안 많은 사람을 잘못된 길로 안내한 종교로 이에 대한 경계와 주의가 분명히 필요한 일입니다. 하지만, 이슬람교를 신앙으로 갖고 살아가는 무슬림 대부분은 자기들의 종교가 왜 이슬람인지조차 정확하게 알지 못하고, 혹은 관심 없이 그냥 살아갑니다.

그들은 그들이 그렇게 성스럽게 여기는 꾸란에 어떤 내용이 기록되어 있는지, 이슬람 절기에 따라 계속하는 라마단 단식의 의미가 무엇인지, 일 년에 한 차례씩 희생절 행사를 통해 자신이 지은 죄에 대해서 왜 속죄해야 하는지를 알지 못하거나 알려고조차 하지 않으면서 그냥 무슬림으로 살아갑니다.

또, 무슬림들은 그들의 알라 앞에서 '왜?'라고 질문하고 싶어도 감히 그러지 못하고 무조건적 복종과 충성을 다짐하는 무슬림들이 대부분입니다. 그들에게 전혀 선택의 여지없이 운명처럼 주어진 이슬람 신앙은 마치 에코 체임버 **Echo Chamber** [1] 속 사회와 문화 안에서 고정 잣대와 편견의 틀 안에서만 밖을 내다보려고 합니다.

Chapter 01.
무슬림들은 정말 위험한 사람들인가?

 ● **유럽 사회에 형성된 무슬림 '게토'**

지금 우리 사회 안에서 적지 않은 사람이 국내에 점차로 많아지는 무슬림들을 바라보면서 유럽 무슬림 사회로부터 만들어진 소위 '게토'[2] 현상이 우리나라에도 형성되지 않을까 하는 우려의 목소리를 냅니다. 우리나라도 유럽 사회처럼 무슬림들 때문에 결국 걷잡을 수 없는 혼란과 갈등의 가능성을 예상하며 염려의 눈길로 바라봅니다.

그러나, 사실 유럽 안에 형성된 무슬림 '게토'는 유럽사람에게 그 책임을 먼저 물어야 합니다. 즉, 유럽 내 무슬림 집단화로 인한 사회 불안 조성을 말하는 사람들은 그 땅에 들어온 무슬림들을 멀리하고, 이웃으로 다가가기를 거부한 유럽사람들에게 먼저 그 책임이 있습니다.

만약, 기독교 문화와 사회로 이루어진 유럽 사회가 여러 이유로 그 땅을 밟은 무슬림들을 향해 다가가서 따뜻한 이웃 사랑으로 대했더라면 무슬림들의 게토는 절대 그 땅에 만들어지지 않았을 것입니다.

유럽사람은 자기들과 다르게 보이는 무슬림들을 피해 지나갔고, 다가가지 않았고, 불쌍히 여기는 마음을 갖지 않았기에 그곳 무슬림들은 자연스럽게 스스로 소외되었습니다. 그들은 생존본능 속에서 그들 자체의 '게토'를 만들어 문을 닫고 살아가기 시작했을 것이 분명합니다.

그러므로, 만약 유럽에서처럼 무슬림 게토 사회가 우리나라에서도 만들어진다면, 그것은 틀림없이 우리나라 사람이 국내에 들어와 도움이 필요한 이주민, 근로자, 또는, 난민으로서의 무슬림들을 냉대와 멸시로 멀리하며, 그들을 불쌍히 여기는 마음 갖기를 포기했기 때문일 것입니다. 이 일에 우리 모든 교회와 그리스도인들은 결코 자유로울 수 없으며, 우리는 주님께서 주신 거룩한 부담으로 받아들여야 합니다.

또 하나의 반면교사 反面敎師

이제, 우리는 무슬림 게토가 만들어진 오늘의 유럽 사회를 바라보면서 이를 반면교사로 삼아야 합니다. 지금 30여만 명의 무슬림을 포함해서 250여만 명의 외국인을 이웃으로 두고 살아가기 시작했습니다.

우리 한국 교회는 주님께서 누가복음 10장에서 선한 사마리아인 비유를 통해 말씀하시는 '불쌍히 여기는' 이웃 사랑으로 다가가서 그리스도의 십자가 복음을 전할 것인지에 관한 중대한 선교적 결단 앞에 서 있습니다.

국내로 이미 들어온 저들을 향해 잘 알지도 못하는 편견과 오해 속에서 막연한 두려움으로 저들을 피하고 지나가다가 국내에서도 무슬림들의 '게토'를 재현시키겠습니까? 아니면, 저들 곁으로 다가가서 저들이 자기들의 '게토'를 만들 필요를 전혀 느끼지 않도록 주님께서 보여주신 그 사랑으로 그들을 품고 함께 살아가면서 삶의 현장에서 그리스도가 드러나게 하겠습니까?

◀ 바르샤바 유대인 게토를 추모하는 70주년 기념상
by Nathan Rapoport

사실, 우리가 정말 두려워해야 하는 것은 무슬림들이 아닙니다. 우리가 진정으로 두려워해야 할 것은 저들을 향해 그리스도의 사랑을 가지고 불쌍히 여기는 이웃 사랑으로 다가가기를 포기한 우리 그리스도인의 마음입니다. 우리가 정말로 경계해야 할 것은 무슬림들이 아니라 강퍅한 마음으로 그들을 무시하고 그리스도께서 말씀하시고 손수 보여주시고 그 사랑으로 대하지 않을까 하는 것입니다.

그동안 우리는 무슬림 전도의 벽이 너무 두껍고, 이슬람의 문의 굳게 닫혔다고 말해왔습니다. 그러나, 정말 두꺼웠고 닫힌 것은 그들을 향해 주님의 사랑으로 불쌍히 여기며 다가가기를 거부한 우리 마음과 생각의 문이었습니다.

그러나, 주님께서 우리에게 주신 것은 두려워하는 마음이 아니요, 오직 능력과 사랑과 근신하는 마음이라고 말씀하십니다(딤후 1:7). 그러니, 이제 주님께서 말씀하신 이웃 사랑으로 저들을 대하는 것이 우리 모두의 본분이요, 사명입니다.

"네 의견에는 이 세 사람 중에 누가 강도 만난 자의 이웃이 되겠느냐?" 가로되 "자비를 베푼 자니이다." 예수께서 이르시되, "가서 너도 이와 같이 하라." 하시니라(눅 10:36~37).

● 흥미로운 얘기, 하나 더

보통 테러를 일삼는 이슬람 원리주의 무장세력은 이슬람의 율법(꾸란)을 철저히 지켜야 하는(혹은 철저히 지키려고 노력하는) 사람들입니다. 그들은 그들의 율법대로 할랄 [3] 음식만 먹어야 하며, 허용된 할랄이 아닌 음식을 먹으면 그들의 율법을 어기게 됩니다.

우리 주변의 무슬림들에게 우리나라에 살면서 뭐가 가장 힘드냐고 물어본 적이 있습니다. 이 질문에 대부분은 우리 음식에 가장 흔하게 섞여 있는 돼지고기를 부지불식간에 먹을까 가장 긴장하며 살아간다고 했습니다. 이런 음식 환경 하나로만 보더라도 우리나라는 무슬림들이 절대 살만한 곳이 아닙니다.

하물며, 이슬람 율법을 본질처럼 여기며 살아가려는 소위 '근본주의' 무장 테러단체가 우리나라에 들어와 살 수 있다는 생각은 좀 무리가 있습니다. 물론, 돈을 벌기 위해, 혹은, 목숨을 부지하기 위해 난민으로 들어온 무슬림들 가운데 이런 이슬람 근본주의 무장세력과 연계되는 사람들이 간혹 있을 수 있지만, 그런 위험한 사람들은 이미 국가에서 철저하게 감시 중입니다.

🕌 ● 우리 주님은 뭐라고 말씀하시나?

주님께서는 그들을 불쌍히 여기라고 명백하게 말씀하십니다. 물론, 테러를 일삼는 일부 이슬람 원리주의 무장세력은 항상 조심해야 합니다. 하지만 무섭다고, 위험하다고 그리스도의 복음을 전하지 않거나 보류해서도 안 됩니다.

비잔틴 예술의 대표적인 성화, 데시스 (1261)
Deesis in Hagia, Sophia

Chapter 01.
무슬림들은 정말 위험한 사람들인가?

왜냐하면, 때를 얻든지 못 얻든지 복음을 전하라(**딤후 4:2**)고 하시는 주님의 말씀과 선교로의 지상 대명령(**마 28:18~20**)을 왜곡하는 것이 되기 때문입니다.

우리 주님께서는 우리를 위해 십자가에서 돌아가셨지만, 세계 곳곳에서 살아가는 모든 무슬림을 위해서도 돌아가셨습니다. 그러므로, 그들도 복음을 들어야 하며, 주님의 사랑을 받을 권리가 있습니다. 틀림없이 무섭고 혐오스러운 일부 무슬림이 존재하지만, 지금 국내로 들어와서 우리의 이웃이 되어 살아가는 저들을 굳이 피할 필요는 없으며, 그들을 불쌍히 여기는 것은 우리 주님의 뜻입니다.

만약, 무슬림을 위험하다고 경계하고 피하기만 한다면, 우리는 그들에게 복음을 전하라고 이 땅으로 보내주신 주님께서 주신 선교의 기회를 놓치게 될 것입니다.

그러므로, 오늘 우리는 이것이 맞느냐 저것이 맞느냐 하는 선택의 문제로 시간을 소모하기보다는 언제 다시 그들의 땅으로 갈지 모르는 무슬림 이웃들을 향해서 그리스도의 사랑으로 다가가서 복음을 전해야 한다는 생각이 더 우선되어야 합니다. 물론 이 일을 위해서는 우리가 머리를 맞대고 주님께서 주시는 지혜로운 접근 방법을 함께 더 고민해야 할 것입니다.

1. 비슷한 성향의 사람과 소통한 결과 다른 사람의 정보와 견해는 불신하고 본인 이야기만 증폭돼 진실인 것처럼 느껴지게 하는 정보 환경을 말한다. 원래는 방송이나 녹음 시 잔향 감을 주기 위해 인공적으로 메아리를 만들어내는 방을 말하지만, 같은 뜻을 가진 사람끼리 모여 서로 동의하는 의견이 메아리처럼 반복해 울리면서 점점 더 그 의견이 고착화하고 급진화하는 것을 비유하기도 한다.

2. 게토(ghetto)는 소수 인종이나 소수 민족, 또는 소수 종교집단이 거주하는 도시 안의 한 구역을 가리키는 말이다. 주로 빈민가를 형성하며 사회, 경제적인 압박을 받는다. 역사적으로 볼 때, 중세기에 유럽에서 설치한 유대인 강제 거주지역, 나치 독일이 만든 유대인 강제수용소, 미국에서 흑인 등이 사는 빈민가가 게토에 속한다. 또한 가자 지구도 게토라고 평가한다. 유대인 집단학살이 묵인되고 유대 회당들이 파괴되던 유스티니아누스 황제의 콘스탄티노플에는 서부 유럽의 도시들보다 한참 전에 게토가 있었다. 6세기쯤 콘스탄티노플에는 서부 유럽의 도시들보다 한참 전에 게토가 있었다. 1516년, 베니스시 당국은 시내에 유대인이 거주하도록 마을을 건설하였는데, "게토"라는 이름은 이 유대인 마을에서 비롯된 이름이다.

3. **Permissible**(허락된 것)이라는 뜻을 가진다. 이슬람법(샤리아)에 허용된 항목을 뜻하는 말로, 주로 이슬람 율법에 따라 먹을 수 있는 것을 의미한다. 반대로, 금지된 것은 '하람'이라고 한다. 원래, 할랄(**halal**)은 샤리아에 따라 사용이 허용되는 것을 의미하며, 음식뿐 아니라 의약품과 화장품 등 생활 전반에 걸쳐 사용되는 모든 것이 해당한다. 그중 이슬람 율법이 허락한, 무슬림이 먹을 수 있는 음식을 할랄 식품(**Halal Food**)이라 하여 별도로 규정하고 있다.

Chapter 01.
무슬림들은 정말 위험한 사람들인가?

이슬람법에서는 돼지고기와 동물의 피, 부적절하게 도축된 동물, 알코올성 음료와 취하게 하는 모든 음식, 육식 동물과 맹금류, 그리고, 앞에서 언급된 품목이 함유된 모든 가공식품이 금지되어 있으며, '부적절하게 도축된 동물'이 금지된다는 말은 허용된 동물이라도 '자비하'라고 부르는 이슬람 도축 방식에 따라 도축한 것만 먹을 수 있다는 뜻이다.

ΠΙCΤΟC
ΜΑΙΩΝ·
ΙC͂

Islam from
the outside

박에서 본 이슬람, 무슬림 이해하기

Chapter 02.
무슬림은 우리의 '이웃'인가?

- 교회와 그리스도인이 급히 해야 할 일
- 선한 사마리아인 비유
- 구약에서 말하는 이웃의 정의
- 예수가 얘기하는 이웃

● 교회와 그리스도인이 급히 해야 할 일

이제 종말론적 확신으로 마지막 세대를 사는 모든 교회와 그리스도 인들이 매우 시급하게 그리스도의 복음을 전하는 일 외에 할 일이 한 가지 더 있습니다.

그것은 우리 주위의 잃어버린 자, 소외된 자, 고난 겪는 자 그리고, 버림받은 자를 애타게 찾고 기다리시는 하나님의 마음을 가지고 사는 것입니다. 주변에 아직 주님의 복음이 필요한 이들이 우리 그리스도 인의 헌신을 통한 섬김과 봉사의 수고로 인해 하나님을 만나고 구원받도록 하는 것이 하나님의 마음이요, 선교적 계획입니다.

● 선한 사마리아인 비유

누가복음 10장에 나오는 저 유명한 '선한 사마리아인' 비유를 통해 주님은 독자들에게 하나님의 마음을 매우 적절히 전하고 있습니다. 이 비유는 한 율법 교사와 예수와의 대화로부터 시작합니다. 즉, 한 유대인 율법 교사가 이미 답을 알고 있으면서도 예수를 시험하기 위해서 '영생을 얻을 방법'을 물어보며 시작합니다. 이 율법 교사가 매우 의기양양하게 대답했던 영생을 얻을 방법은 다름 아닌 신명기와 레위기 말씀의 인용이었습니다.

Chapter 02.
무슬림은 우리의 '이웃'인가?

"네 마음을 다하며 목숨을 다하며 힘을 다하며 뜻을 다하여 주 너의 하나님을 사랑하고"**(신 6:5)**,

"네 이웃을 네 자신같이 사랑하라."**(레 19:18)**.

위의 신명기 말씀은 십계명의 전반부로서 창조주 하나님을 향한 피조물 인간의 일편단심 충성과 사랑을 요약한 부분입니다. 또, 위의 레위기 말씀은 십계명의 남은 후반부 즉, 피조물 사이에서의 계명을 요약한 부분입니다.

여기에서 사용된 '이웃'이라는 단어는 유대 어법상 집단적 의미로 사용됩니다. 유대인들은 이 단어를 동족, 같은 종교권에 있는 사람, 혹은 같은 유대인에게만 국한했습니다. 이는, 이방인 고넬료와의 만남을 통해 유대 사고방식에 사로잡혀 있던 베드로의 생각을 바꾸려는 성령의 의도라든지, 예수의 복음을 받아들인 제자들조차 같은 유대인들에게만 전도했던 당시의 예루살렘 교회에서 이방인들의 선교를 위해 수리아 안디옥교회로 사역을 옮겨가게 한 사건을 통해서 쉽게 이해할 수 있는 일입니다**(행 11~13장)**.

그러므로, 배타적인 바리새파 사람들은 사마리아 사람들이나 이방인들을 이 '이웃'이라는 단어 범주에서 제외했습니다. 이런 의미에서 예수는 선한 사마리아인의 비유를 통해 '이웃'에 대한 유대적 생각을 의도적으로 바꾸려는 의도가 있었습니다. 예수는 율법 교사를 향해 머리로는 잘 알고 있지만 알고 있는 것을 삶에서 행하지 않고 있다고 지적하고 있습니다**(28절)**.

그러자, 율법 교사는 자신이 원하는 대로 흘러가지 않음을 느끼면서 계획에 없던 엉뚱한 질문을 하나 더 던져서 또다시 예수를 시험하고 자 합니다(29절).

이것이 바로 '이웃'의 개념에 관한 것입니다. 즉, 율법 교사가 예수로 부터 기대했던 답은 당시 유대 문화권 안에서의 '이웃'의 개념이었 고, 이에 반해 예수는 율법 교사가 생각하는 유대식의 이웃 개념에 서 벗어나기를 원했습니다. 이 비유를 통해 예수는 유대권 안에서만 이 아니라 그 밖에 사는 사람도 언제나 이웃이 될 수 있음을 가르칩 니다. 이는 율법 교사의 생각뿐 아니라 당시 유대 사회, 더 나아가 성 경을 읽는 모든 독자를 향해 이웃에 대한 개념을 올바로 일깨웁니 다.

사실 우리도 지금까지 율법 교사가 생각하던 것과 별 차이 없이 이 웃에 대해 생각하고 있습니다. 어떤 누군가를 향해 그가 과연 우리 의 이웃이냐 아니냐, 혹은, 우리의 이웃이 될 자격이 있느냐 없느냐 에만 관심이 맞추어져 있습니다.

그러나, 주님은 오늘 비유를 통해 그가 누구냐는 중요하지 않다고 하십니다. 그가 누가 되든지 지금 우리에게 도움을 청하면 그가 바 로 우리의 이웃이라고 말씀하십니다. 다시 말하면, 어려운 처지에 빠진 그가 누구든지, 전혀 상관없이 우리가 먼저 다가가서 그의 이 웃이 되어 주어야 한다고 말씀하시는 것입니다.

깔뱅도 이웃 사랑에 있어서 그 사람의 가치를 따지지 말 것을 얘기 합니다. 왜냐하면, 사람은 거의 전부가 자기 자신의 공로에 있어서 무가치하기 때문이며, 이에 따라 사랑의 의무를 행하는 것으로는 충

네덜란드 화가 이다얀 베이넌츠(Jan Wijnants, 1632~1684)의 '선한 사마리아인' (1670). 러시아 상트페테르부르크의 에르미타슈 미술관(Hermitage Art Museum) 소장

분치 못하며 먼저 우리의 도움이 필요한 사람의 입장에 설 것을 얘기하고 있습니다. [4]

예수는 늘 그러했듯이, 여기에서도 율법 교사가 '이웃'의 올바른 개념에 대해 쉽게 이해할 수 있도록 비유를 하나 사용하시는데, 바로 저 유명한 선한 사마리아인 이야기입니다. 당시 유대인은 사마리아인과 상종도 하지 않았고, 인간 이하의 취급을 했습니다.

오늘 이 비유를 살펴보면, 유대인 하나가 강도를 만나서 거의 죽을 위기에서 같은 유대인 그것도 신명기와 레위기 말씀을 누구보다도 잘 알고 있었을 제사장과 레위인이 죽어가는 유대인 동족을 보고도 차례로 피하여 지나갑니다(31~32절).

이 비유에서 강도 만난 사람이 유대인이 아니라 만약 사마리아인이었다면 위에서 언급한 유대식 관점으로 보고도 피해 지나가는 것이 어느 정도 타당할 수 있습니다. 하지만, 같은 유대 사회 안에서 이웃으로 보기에도 전혀 문제가 없는 유대인 동족을 보고도 피해 지나갔다고 하는 것은 그들이 율법을 잘 알고 있을지는 몰라도 최소한 아는 것을 삶에서 적용하지 않고 있음을 지적받은 것입니다.

그리고, 당시 유대인으로부터 원수 혹은 인간 이하로 취급받던 사마리아인 하나가 지나가다가 보고도 피해 지나간 제사장과 레위인과는 전혀 다른 행동을 설명하면서 이웃의 개념과 역할에 대해 자세하게 열거하고 있습니다. 이를 간단히 살펴보면 다음과 같습니다.

Chapter 02.
무슬림은 우리의 '이웃'인가?

첫째, 보고 불쌍히 여겼습니다(33절)

본문에서 사마리아인이 자신의 동족을 원수로 여기던 유대인 하나가 길가에서 쓰러져 죽어가고 있는 것을 보았을 때, '불쌍히 여겼다'라고 말하고 있습니다. 이 단어를 영어 성경으로 보면, 좀 더 쉽게 이해할 수 있습니다.

NIV에서는 'pity'라는 단어를 사용하고 있는데, 이는 측은하고 불쌍하게 여긴다는 뜻입니다. 또한, **KJV**에서는, 'had compassion'이라고 표현하고 있는데, 이는 '어려움을 당한 자와 함께 하고 그것을 나눈다.'라는 의미를 지닙니다. 결국, 이는 어려움을 당한 이웃을 향한 마음이 이런 마음이어야 한다는 것을 말씀하십니다.

둘째, 가까이 갔습니다(34절)

위에서도 언급했듯이, 같은 동족도 아닌 원수지간에 가까이 갔다고 말하는 예수의 의도는 그가 누구이든 간에 가까이 가야 한다는 것입니다. 이는 동족 유대인을 보고 사실 가까이 가야 했던 제사장과 레위인을 당시 사회에서 가까이 가지 않아도 누구 하나 원망하지 않았을 사마리아인을 서로 대비시키면서 실제 삶에서의 적용이 얼마나 중요한지를 재차 강조합니다.

셋째, 기름과 포도주를 그 상처에 붓고 싸매었습니다(34절)

당시 여행 중이던 이 사마리아인에게 기름과 포도주는 분명 생명처

럼 귀한 것이었고, 가장 필요한 음식이었습니다. 이 사마리아인은 가장 귀한 그의 음식을 자기들을 인간 이하로 취급하던 사람 중 한 사람인 유대인을 살리기 위해 기꺼이 사용합니다. 물론, 이런 행동의 발상은 강도 만난 유대인을 처음 보았을 때 그가 가지고 있던 '불쌍하게 여기는 마음'에서였습니다.

넷째, 자기 짐승에 태워 주막으로 데리고 가서 돌보아 주었습니다(34절)

요즘 같은 길도 아니고, 당시의 좋지 않은 길을 여행 중이던 사마리아인에게 유일한 교통수단인 짐승에 죽어가는 유대인을 태웠다는 것은 여분의 짐승을 데리고 다니는 것이 아니라면 자신은 걸어갔다는 의미입니다. 또한, 자신의 갈 길도 연기하고 시간을 내서 주막으로 데리고 갔으며 돌보아 주기를 계속했습니다.

 ● **구약에서 말하는 이웃의 정의**

구약 성경에 보면, 유대인들이 생각하는 '이웃'의 개념은 단지 가까이 함께 사는 정도가 아니라 매우 밀접한 관계를 맺고 사는 사람을 의미합니다. 그러므로, 당시 유대인의 관점에서 '이웃'과 '형제'는 매우 비슷한 동의어입니다. 이에 반해 타국인, 이방인 또는, 객은 유대 밖에 거주하는 비유대인이었습니다.

Chapter 02.
무슬림은 우리의 '이웃'인가?

그러므로, 이들의 관계는 '언약'과는 관련이 없으며, 일반적인 환대의 관례를 따랐습니다. 그러므로, 타국인과 우거하는 객은 이웃과의 관련해서 율법에 예외가 될 수 있습니다. 다시 말하면, 네 이웃을 네 자신과 같이 사랑하라는(레 19:18) 당시 율법은 같은 유대인들 사이에서만 해당합니다.

예수께서는 레위기 19:18 말씀을 인용하면서, 이웃을 자신처럼 사랑하는 것을 둘째로 큰 계명이라고 말합니다(마 22:39, 막 12:31). 그런데, 유대교에서의 윤리적 딜레마는 율법 교사가 인식하고 있는 것처럼, 이웃에 대한 개념이 예수의 개념과는 다른 것이었습니다(29절).

앞에서 언급한 것처럼, 구약 성경에서 바리새인들은 상인이나 일반 평민을 이웃의 개념에서 제외했습니다. 이러한 환경에서 예수는 율법 교사에게 선한 사마리아인 비유를 사용해서 사랑과 이웃의 관계를 다시 정의해 줍니다.

제사장과 레위인은 구약적 의미에서도 '이웃'이 분명한 죽어가는 유대인 동족을 외면하는데, 이는 명백한 율법 위반으로 보아야 합니다. 반면, 사마리아인은 함께 거주하는 자도 아니고, 그렇다고 더욱이나 유대인도 아닌데, 아무 도움도 받지 못하고 죽어가는 유대인에게 불쌍히 여기는 마음(compassion)을 보여줍니다(33절).

● 예수가 말하는 이웃

예수의 관점은 '이웃'에 대한 친절은 사랑을 위한 조건이 아니라, 먼저 불쌍히 여기는 사랑의 마음에서 나오는 결과가 되어야 한다는 것입니다. 다시 말하면, 예수가 설명하는 '이웃'의 자격은 불쌍히 여기며 자비를 베푼 자입니다(36절). 예수의 비유에 등장하는 사마리아인의 모든 행동은 이웃을 자신 같이 사랑하라고 말씀하시는 이웃 개념과 같은 것이며, 이러한 행동을 삶에서 보이는 자가 진정한 이웃이라는 것입니다.

이것이 바로 이웃을 자신과 같이 사랑하는 자들의 실천적인 행동입니다. 그리고, 이 말씀을 접하는 모든 그리스도인도 이렇게 이웃을 생각해야 하며 대해야 한다는 것입니다.

그러므로, 과연 무슬림들이 "우리의 이웃이냐 아니냐?"라는 질문에 대해 더는 이론적이고 원칙적인 것에만 머물러 있지 말아야 합니다. 그들이 누구든, 무슬림이든 유슬림이든, 지금 우리의 주변에 죽어가는 자들, 아파하는 자들, 상처받은 자들, 도움이 필요한 자들을 향해 불쌍히 여기는 마음(compassion)을 가지고 그들에게 다가가는 것이 우리의 마땅하고도 옳은 일입니다.

또, 그것이 구속의 은혜로 구원받아 영생을 소유한 우리가 이 세상에서 해야 하는 지극히 당연한 삶이라고 말씀하고 있습니다.

4) 한철하, 『21세기 인류의 살길』 p. 94.

◀ 지금 우리의 주변에 죽어가는 자들, 아파하는 자들, 상처받은 자들, 도움이 필요한 자들을 향해 불쌍히 여기는 마음을 가지고 그들에게 다 가가는 것이 우리의 마땅하고도 옳은 일입니다.

Islam from the outside

Chapter 03.
십자가에 대한 무슬림들의 생각

● 오늘날의 영적 싸움
● 무슬림들에게 예수는 누구인가?

● 오늘날의 영적 싸움

오늘날 이 지구상에서 진행되고 있는 가장 강력한 영적 싸움은 십자가와 초승달에서 찾아볼 수 있습니다. 십자가와 초승달은 모두 유일신과 인간과의 관계를 말해주는 상징물입니다. 처형과 고문의 도구였던 십자가는 예수의 희생적인 사랑 때문에 영원한 사랑의 상징이 되었습니다. [5]

또한, 예수께서 인간의 죄를 지고 십자가에서 돌아가시고 사흘 만에 부활하사 그 구속의 은혜로 우리에게 구원을 허락하심으로 말미암아 죄 많은 인간을 하나님과 화목 시킨 것입니다. 한편, 초승달은 이슬람교의 창시자 무함마드가 가브리엘 천사로부터 알라의 음성을 들었던 때가 초승달이 떠 있던 밤이었습니다. [6] 달이 해가 있음을 증거하고 밤을 비추는 것처럼 초승달은 어둠을 비추는 알라의 영광이요 광채라고 무슬림들은 믿고 있습니다.

한 해의 교회력 가운데 '사순절' [7] 기간을 보내면서 고난 주간과 그 뒤에 있을 예수 그리스도의 진정한 승리를 선포하는 부활절이 기다립니다.

그리스도의 고난이 없었더라면 그리스도의 부활도 없었을 것이요, 그리스도의 부활이 없었더라면 우리의 복음 전파도 헛것이요, 믿음도 헛것이라는 바울 사도의 고백처럼 기독교의 핵심적인 사건이 그리스도의 십자가 사건이요, 사흘 뒤에 이어진 부활 사건입니다.

Chapter 03.
십자가에 대한 무슬림들의 생각

"만일 죽은 자의 부활이 없으면 그리스도도 다시 살아나지 못하셨으리라. 그리스도께서 만일 다시 살아나지 못하셨으면 우리가 전파하는 것도 헛것이요 또 너희 믿음도 헛것이며, 또 우리가 하나님의 거짓 증인으로 발견되리니 우리가 하나님이 그리스도를 다시 살리셨다고 증언하였음이라 만일 죽은 자가 다시 살아나는 일이 없으면 하나님이 그리스도를 다시 살리지 아니하셨으리라. 만일 죽은 자가 다시 살아나는 일이 없으면 그리스도도 다시 살아나신 일이 없었을 터이요. 그리스도께서 다시 살아나신 일이 없으면 너희의 믿음도 헛되고 너희가 여전히 죄 가운데 있을 것이요"**(고전 15:13~17)**.

그러므로, 그리스도의 십자가와 부활은 기독교 신학의 핵심 중에서 핵심입니다. 그렇다면, 이 사실에 대해서 무슬림들은 어떻게 생각하고 있을까요?

🕌 ● 무슬림들에게 예수는 누구일까요?

무슬림들에게 예수의 신성은 철저하게 부정되고 있으며, 인간 예수로만 강조하고 있습니다.[8] 7세기 당시, 이슬람교의 창시자 무함마드는 기독교인들 사이에서 그리스도의 성품 **Nature**에 관한 신학적 논쟁을 보면서 예수를 가리켜 메시아**(꾸란 3:45, 47)**이면서 알라의 말씀, 진리의 말씀, 알라로부터 온 영(靈)[9], 알라의 선지자 등으로는 받아들였으나 알라의 아들이라는 사실은 받아들이지 않았습니다**(꾸란 4:171)**. 이는 오히려 알라의 신성을 모독 내지는 추락시킨다고 생각했는데, 이러한 주장은 한철하가 칼빈 '강요'를 인용해서 설명하는 아래와 같은 기독교 신앙에도 정면으로 충돌됩니다.

하나님과 그리스도께서 계신다는 것을 믿을 뿐만 아니라, 하나님을 참으로 우리 하나님이시오, 그리스도를 우리의 구주라는 것을 인정하는 신앙입니다. 이 신앙은 하나님과 그리스도에 대하여 기록된 모든 것이 진리임을 선언할 뿐만 아니라 한 분 하나님과 그리스도께 모든 소망과 의지함을 둡니다. [10]

그러므로, 모든 무슬림은 예수의 십자가를 통한 인류의 구속 사건을 전면으로 부인하고 있습니다. 무슬림들은 예수(이싸)의 십자가 죽음을 부인합니다. [11] 무슬림들은 알라의 예언자로서 예수가 십자가에 달려 죽었다는 사실에 대해서 알라의 실패로 간주하기 때문에 알라에 의해 보냄을 받은 예언자 이싸는 절대로 십자가에서 죽지 않았다고 믿습니다. 이에 따라 모든 무슬림은 인간의 죄를 짊어지신 어린 양으로 우리를 위해 대속하심으로 하나님과 우리를 화평케 하신 예수 그리스도를 전혀 이해하지 못합니다. [12]

예수의 십자가 사건을 인정하지 않는다는 의미는 기독교 신학에서 가장 중요한 원죄를 부정하는 것입니다. 이 의미는 그리스도의 대속, 중보, 희생, 속죄 같은 기독교의 근본 신학을 전면 부인하고 있음을 뜻합니다.

그러나, 기독교 신학에서 예수의 모든 사역은 십자가로 집중됩니다. 그러므로, 무슬림들을 향해 십자가를 빼고 논할 수 있는 것이 없습니다. 분명한 사실은 전 세계 무슬림은 태어나면서부터 그들이 보며 배우게 되는 이슬람 신학으로 말미암아 결국 예수의 복음을 거부하며 살아가고 있습니다. [13]

◀ 이슬람의 경전, 꾸란

이렇듯 아무리 형식적이라 할지라도, 이슬람 사회와 문화 안에서 교육받으며 자라난 모든 무슬림은 예수의 신성과 원죄의 해결을 위한 십자가 사건을 철저하게 부인하기에 복음 전도에 최대 장애요인이 되어 오고 있습니다.

그러므로, 한국 교회가 무슬림들을 향해 복음을 전하는 데 가장 커다란 장애요인은 무슬림들이 가진 반기독교적 신학이라는 데는 반론이 있을 수 없습니다. **14**

5) Phil Parshall, 『십자가와 초승달』(서울: 죠이선교회, 2003), 13.

6) Jack Finegan, The archeology of World religions (Princeton University Press, 1952), 482-485.

7) 사순절(Lent)은 부활절까지 주일을 제외한 40일 동안의 기간을 말하며, AD 325년 제1차 니케아 공의회에서 '삼위일체' 교리와 함께 확정했다. 이 기간에는 그리스도가 광야에서 40일간 금식하고 시험받은 것을 기억하기 위하여 모든 교회와 그리스도인들은 그리스도의 삶과 고난 그리고 부활을 묵상하며 회개하는 기간으로 삼고 있다. 참고로 '니케아'는 터키 이스탄불에서 229km 떨어진 곳으로 현재의 지명은 '이즈닉(iznik)'이다.

8) 꾸란 112:1~4, "일러 가로되 하나님은 단 한 분이시고, 하나님은 영원하시며 성자와 성부도 두지 않으셨으며 그분과 대등한 것 세상에 없노라."

9) 꾸란에서는 예수를 피조물 중 하나인 영(a spirit)으로 기술한다. 또 예수를 알라의 말씀이라고 기술하고 있는 꾸란 5장 116~117절에서도 승천 후 알라 앞에 서게 된 예수는 자신의 신성을 다음과 같이 부정하고 있다.

Chapter 03.
십자가에 대한 무슬림들의 생각

"하나님께서 마리아의 아들 예수야 네가 백성에게 말하여 하나님을 제외하고 나 예수와 나의 어머니를 경배하라 하였느뇨 하시니, 영광을 받으소서. 결코 그렇게 말하지 아니했으며, 그렇게 할 권리도 없나이다. 제가 그렇게 말하였다면 당신께서 알고 계실 것입니다. 당신은 저의 심중을 아시나 저(예수)는 당신의 심중을 모르나니 당신은 숨겨진 것도 아시는 분이십니다. 당신께서 저에게 명령한 것 외에는 그들에게 말하지 아니했으니 나의 주님이요 저희의 주님인 하나님만을 경배하라 하였으며 제가 그들과 함께 있음에 저는 그들에게 증인이 되었고, 당신이 저를 승천한 후에는 당신께서 그들을 지켜보고 계셨나니, 당신은 모든 것의 증인이십니다."

10) 한철하, 『21세기 인류의 살길』 p. 80.

11) 꾸란 4:157, "마리아의 아들이며 알라의 선지자 예수 그리스도를 우리가 살해하였다고 그들이 주장하더라. 그러나, 그들은 그를 살해하지 못하였고 십자가에 못 박지 아니했으며 그와 같은 형상을 만들었을 뿐이라 이에 의견을 달리하는 자들은 의심할 따름이며 그들이 알지 못하고 그렇게 추측일 뿐이라. 그들은 그를 살해하지 아니했노라."

12) 공일주, 『중동의 기독교와 이슬람』 p. 92.

13) '꾸란'에는 '성경'에 상반되는 수많은 구절이 존재한다. 예를 들면, 꾸란 5장 72절과 9장 31절을 통해서 예수의 신성을 부인하면서, 마리아의 아들을 예수를 경배하는 것은 옳지 않고, 오직 유일신 알라만을 섬기라고 기록되어 있으며, 꾸란 4장 157~158절을 통해서는 예수의 십자가 사건을 부인하고 있으며, 예수는 십자가에서 죽지 않고 알라에 의해서 승천했다고 기록되어 있다. 또한, 꾸란 4장 73절과 17장 111절을 통해서는 기독교의 핵심 진리인 삼위일체를 정면으로 부인하고 있다.

14) http://www.islamkorea.com/2.html.

Islam from the outside

Chapter 04.
무슬림들의 예배와 우리의 예배

● 무슬림들과 이슬람

무슬림들이 가진 이슬람 신학을 아주 간단하게 '육신 六信 오행 五行'의 교리로 요약할 수 있습니다. 즉, 무슬림들은 평생 6가지를 믿어야 하고, 5가지를 삶에서 실천하며 살아갑니다.

물론 "이를 따르지 않으면 무슬림이 아닌가?"라는 질문에는 "그렇다", 혹은, "아니다"로 답하기는 어렵습니다. 왜냐하면, 저들은 이슬람교 배경에서 태어나서, 그 세계 안에서 다른 어떤 선택도 접하지 못한 채 혹은, 거부한 채, 그 안에서 그렇게 살다 다시 무슬림으로 죽는 것입니다. 저들에게 다른 길은 보이지 않습니다. 그 안에서 살아가는 무슬림들에게 이슬람은 종교 이상의 그 무엇이며, 삶이고, 이념이요, 정신세계를 지배하는 철학이기도 합니다. 그러므로, 설령, 6신 5행의 교리를 따르지 않는다고 그들이 무슬림이 아니라고 말할 수 없으며, 그렇다고, 그들이 복음을 잘 받아들일 것이라는 생각도 편견입니다.

● 일생, 메카를 향해 드려야 하는 무슬림들의 기도

무슬림들이 가진 '육신 六信 오행 五行' 교리 중 하나가 바로 '기도'이며, 아랍어로는 '쌀라트'라고 부릅니다. 무슬림들에게 이 기도는 그들의 예배이며, 종교적 행위 중 가장 우선되는 의무입니다. 무슬림들의 예배 의무는 꾸란에 근거하며, 예배의 시간은 무함마드의 언행록으로 알려진 '하디스'에 근거합니다.

Chapter 04.
무슬림들의 예배와 우리의 예배

무슬림들의 기도로도 불리는 이들의 예배는 하루 다섯 번, 일출부터 일몰까지 정해진 시간에 반드시 사우디 메카를 향해 드려져야 합니다. 이들의 예배 시간은 매년 전 세계 무슬림들에게 달력이나 인터넷으로 이미 배포되어 누구나 쉽게 알 수 있지만, 동시에 모든 모스크의 확성기를 통해 매 예배 시간을 알리고 있습니다.

하지만, 분주하거나 사정이 있는 사람들은 일몰 예배로 대체될 수 있다고 하디스에 기록되어 있으며, 심지어, 현대에 와서는 바쁘게 돌아가는 대도시 무슬림들에게는 일주일 중 금요일 정오 예배로만 대체하는 경향이 많아졌습니다. 또한, 비이슬람 사회의 여행 중이거나, 병이 났거나, 혹은, 여성의 생리나 분만 시에는 예배가 면제되며, 약식으로 대체도 가능합니다.

참고로, 무슬림들의 예배 시간을 알리는 리듬이 섞인 소리를 '아잔 **Ajan**'이라고 합니다. 아잔의 내용과 순서는, "알라는 위대합니다."(4회), "알라 외에는 신이 없습니다."(2회), "무함마드는 신의 사자입니다."(2회), "예배를 위해 서두르세요."(2회), "성공을 위해 서두르세요."(2회), "예배가 잠보다 낫습니다."(새벽에만 2회), "알라는 위대합니다."(2회), "알라 외에는 신이 없습니다."(순니 1회, 시아 2회)입니다.

'아잔'은 모스크에서 육성으로 직접 소리를 내는데, 확성기가 없던 시절에는 모스크의 뾰쪽한 첨탑('미나레 **Minaret**'이라고 부름) 난간에 올라가서 읊었고, 전기가 사용되면서부터 모든 미나레에 스피커를 설치하여 아잔을 읊고 있습니다.

▶ **모스크의 첨탑, 미나레**

Chapter 04.
무슬림들의 예배와 우리의 예배

이때, 아잔을 읊는 사람을 '무아찐 **Muazin**'이라고 부르는데, 모스크의 사제인 '이맘 **Imam**'뿐 아니라, 목소리가 맑고 미성을 가진 누구든지 무아찐이 될 수 있습니다.

무슬림들의 예배 가운데 드려지는 기도는 꾸란 제1장(알-파티하 章)에 나오는 첫 구절부터 일곱 번째 구절까지를 아랍어를 모르는 무슬림이라도 반드시 아랍어로 외워서 고백하지 않으면 무효입니다. 마치, 우리의 사도신경과 주기도문을 외워 고백하는 것과 비슷한데, 그 내용은 다음과 같습니다.

1. 자비로우시고 자애로우신 하나님의 이름으로,
2. 온 우주의 주님이신 하나님께 찬미를 드리나이다.
3. 그분은 자애로우시고 자비로우시며,
4. 심판의 날을 주관하시도다.
5. 우리는 당신만을 경배하오며 당신에게만 구원을 비노니,
6. 저희를 올바른 길로 인도하여 주시옵소서.
7. 그 길은 당신께서 축복을 내리신 길이며, 노여움을 받은 자나 방황하는 자들이 걷지 않는 가장 올바른 길이옵니다(**한글 꾸란 1:1~7**).

● 무슬림들이 지켜야 할 예배의 7가지

무슬림들은 다른 일에 종사하다가 예배를 알리는 '아잔' 소리를 듣고, 그냥 후다닥 예배를 드리는 일은 금물입니다. 예배를 드리는 무

슬림들은 예배 시간을 미리 알아서 준비해야 하며, 먼저 깨끗한 물로 손과 발, 얼굴을 씻어야 하며(이를 '우두'라고 부름), 깨끗한 옷으로 갈아입고, 예배를 드리는 장소는 정렬되어 있어야 하고, 노출되지 않고 몸을 덮는 의복을 착용해야 하며, 예배 방향은 반드시 메카를 향해야 하며, 마지막으로, 신 앞에서 예배를 드리겠다는 의지가 있어야 합니다.

물론, 무슬림들의 예배는 반드시 모스크에서 드릴 필요는 없습니다. 하지만, 가능하면 가까운 모스크로 가서 예배 드리는 것을 권장합니다. 무슬림들이 예배 드리는 모습은 독자 대부분이 매체를 통해 이미 보았듯이, 새해 첫날 우리의 세배하는 모습과 유사하며, 서서 시작해서 '섰다─앉았다'를 일정하게 반복하면서 대략 15~20분 정도면 끝이 납니다. 참고로, 절할 때는 자기의 이마가 바닥에 완전히 닿아야 하며, 원칙적으로는 예배 중에 나쁜 생각이 들거나, 예배에 집중하지 못하고 산만해지면 처음부터 다시 기도해야 하는 사항도 있습니다.

● 성경에서 예수가 말하는 예배

요한복음 4장에서 예수께서는 사마리아 여인과의 대화를 통해 우리의 예배가 어때야 하는지를 명확하게 지적합니다. 즉, 신령(영)과 진정(진리)으로 드려지지 않은 모든 예배는 잘못된 예배라고 말씀하십니다(요 4:24).

Chapter 04.
무슬림들의 예배와 우리의 예배

당시, 이 사마리아 여인에게 꽤 궁금했던 사항이었기에, 그녀 앞에 서 있던 예수가 비범한 사람이라는 것을 깨닫자마자 바로 물어보았 듯이, 예나 지금이나 많은 사람이 여전히 예배 장소에 의미를 둡니 다. 예배 장소의 크고 작음, 화려함과 비 화려함, 그리고, 예배당의 안 과 밖에 따라 달라지는 예배자들이 아직도 존재합니다.

그러나, 우리나라의 그 어느 교회당보다 더 크고 화려했을 비잔틴 시대의 수많은 예배당이 지금 그 형체를 알아보기 힘들 정도로 폐허 가 되어 땅속에 묻혀 있습니다. 그리고, 당시 그곳에서 하나님을 찬 양하고 예배했던 성도들은 찾아보기 힘들 정도로 그 땅은 불모지가 되었으며, 지금은 99%가 넘는 1억에 가까운 국민이 무슬림 정체성 을 가지고 복음을 거부하며 살아가는 땅이 되어 버렸습니다.

 ● **예배에서 아벨과 가인의 차이**

그런 면에서, 하나님의 창조 사건 이후, 인류 역사에서 처음으로 예 배를 드렸던 가인과 아벨의 예배(제사)에서 우리는 매우 중요한 것 하나를 배울 수 있습니다. 즉, 하나님께서 아벨의 예배는 받으시고, 가인의 예배는 받지 않으셨다는 사실로부터 하나님께서 받으시는 예배가 있고, 받지 않으시는 예배도 있다는 것을 깨닫습니다.

즉, 하나님께서는 우리가 드리는 모든 예배를 받으시는 것은 아니라 는 사실로부터 심각한 고민에 빠지게 됩니다. 왜냐하면, 정성으로 드린다고 드리는 우리의 예배를 받지 않으신다면 아무 소용이 없기 때문입니다.

여기에서 어떤 사람은 가인은 '피의 예배'를 드리지 않았기 때문이라고 말하는 이도 있습니다. 하지만, 농부였던 가인은 그의 소출인 곡식으로 드릴 수밖에 없었고, 목동이었던 아벨은 양과 그 피를 드릴 수밖에 없었습니다. 그러므로, 둘 다 자기의 소유 가운데 첫째 것을 드렸을 것으로 볼 때, 가인의 제사를 거부할 이유는 아니라고 봅니다.

그 대답은 창세기 4장 3~5절에서 쉽게 발견할 수 있습니다. 하나님께서는 아벨과 '그의' 제물은 받으셨으나, 가인과 '그의' 제물은 받지 않으셨다는 말씀으로부터 예배를 드리는 사람뿐 아니라 그의 제물까지 받으시는 것을 발견하게 됩니다. 즉, 아벨의 제사(예배)는 그의 삶에 어울리는 제물을 가지고 드리는 제사였지만, 가인은 그렇지 않았습니다. 이는 하나님 앞에서 예배하는 모든 예배자 자신뿐 아니라 그의 삶이 함께 따르지 않는 상태에서 드리는 예배는 하나님께서 받지 않으실 것으로 이해됩니다.

 ● 지금 여러분의 예배는 안녕하십니까?

오늘, 그냥 알지도 못하는 아랍어를 무조건 외워서 형식적으로 예배드리려는 무슬림들뿐만 아니라, 예수께서 말씀하시는 '신령과 진정'

Chapter 04.
무슬림들의 예배와 우리의 예배

즉, 성령과 진리이신 그리스도 안에서 드리는 참 예배를 이해하지 못하고, 여전히 종교개혁 이전의 생각으로 우리 하나님 앞에 서려는 모든 기독교인은 스스로 고민해야 합니다.

하나님께서 받지도 않으실 우리의 형식적인 예배를 언젠가 한 번쯤은 받으실 것이라는 막연한 기대만으로 드리려는 그 무모함과 이중성은 도대체 어디에서 나오는 것입니까?

"자신을 속이지 마십시오. 하나님은 조롱을 당하지 않으십니다. 사람은 무엇을 심든지 심은 대로 거두는 법입니다."
(갈라디아 6:7, 현대인의 성경).

Islam from the outside

Chapter 05.
무슬림들의 단식, 라마단

● 이슬람력에 따른 절기

매년 어김없이 전 이슬람 세계의 단식 절기인 '라마단'이 총 30일간 지속됩니다. 그동안 한국 교회는 전 세계의 이슬람권으로 수많은 선교사를 파송했음에도 정작 이슬람에 대한 지식과 관심이 조금 부족한 것이 사실이었습니다.

왜냐하면, 이슬람권 선교는 우리나라 밖의 타 문화권 선교라는 생각이 많았으며, 적지 않은 교회는 당장 시급한 국내 목회 사역에 더 집중할 수밖에 없었기 때문입니다.

그러나, 이제 상황이 예전과는 조금 달라졌습니다. 왜냐하면, 지금 우리나라는 250만에 가까운 외국인이 다양한 모습으로 살아가는 다민족국가 **multinational state**로 들어섰으며, 이제 30여만 명의 무슬림이 지금 우리 이웃으로 살아가고 있습니다. 그러므로, 이제 한국 교회는 해외 뿐만 아니라 이들 국내 무슬림들에게도 예수 그리스도의 복음을 전해야 하는 사명과 책임의 거룩한 부담을 갖게 되었습니다.

이에 따라, 우리 교회와 그리스도인들은 이슬람에 대한 정확한 정보와 지식 없이는 지혜롭고 올바른 복음 전파가 어렵게 되었습니다.

● 라마단이 가진 의미

무슬림들은 이슬람력으로 아홉 번째의 달을 가장 거룩한 달로 생각
합니다. 아랍어에서 유래된 '라마단'은 이슬람의 '히지레' 달력으로
아홉 번째 달을 의미합니다. 이슬람교에 따르면, 라마단 월중에서도
특별히 스물일곱(27) 번째 밤 [15] 은 이슬람을 창시한 무함마드가 천
사 가브리엘을 통해 '알라'로부터 첫 계시를 받던 때입니다.

그래서 이날을 '운명의 밤' [16] 으로 알려지면서 라마단 기간 총 30일
가운데 가장 중요한 날로 지키고 있으며 [17] , 무슬림 대부분은 이날을
알라의 축복과 보상이 가장 많은 밤으로 믿으면서 모스크에 모여 예
배 드리며 밤을 새워 기도하며 지냅니다. [18]

● 침도 삼켜서도 안 되는 라마단 단식

이슬람 세계에서 라마단 월이 시작되면 전 세계 모든 무슬림은 한
달 내내 하루 중 일출 시각에서부터 일몰 시각까지 의무적으로 음식
을 금하면서 가장 거룩하게 지킵니다. 그러므로, 이 기간에는 해가
떠 있는 동안에는 모든 음식, 음료, 흡연 등을 금하며, 또한, 폭력(싸
움과 전쟁), 분노, 시기, 탐욕 등도 삼가야 하는 등 철저히 절제되게
생활합니다. 심지어 침조차 삼켜서도 안 되며, 부부관계도 금합니
다.

이 라마단 월 기간에 지키는 단식은 신앙고백, 예배, 구제, 성지순례와 더불어 모든 무슬림이 지켜야 하는 5대 의무 중 하나이며, 무슬림에게 인내와 자제력을 길러주며 소외된 주위의 사람들을 되돌아보게 하는 목적이 있습니다.

이 라마단 기간 중 단식 시간은 나라마다 다소 차이가 있는데, 그 이유는 이슬람 달력이 달의 모양에 따라 하루 중 단식의 시작과 끝 시간이 계산되기 때문입니다.

단, 모든 무슬림이 단식을 하는 것이 의무사항이면서도 예외적으로 전쟁 중인 군인, 여행자, 어린이와 노약자, 환자, 임신 중이거나 수유 중인 여성, 월경 중인 여성 등은 단식 의무에서 제외됩니다. 하지만, 라마단 기간이 끝나고 나서 채우지 못한 라마단의 단식 일수를 채우도록 권합니다. [19]

 ● **이슬람 세계의 라마단 풍경**

1) 단식과 영적 생활

한 달이나 지속되는 이 기간에 무슬림들은 단지 음식을 먹지 않는 금욕만이 아니라, 예배와 꾸란 낭송 등의 영적 생활에도 신경을 씁니다. 평소에는 예배에 열심을 내지 않았던 사람조차도 이 기간이 되면 빠짐없이 예배에 참석하려고 합니다.

Chapter 05.
무슬림들의 단식, 라마단

이 기간 모든 무슬림에게 꾸란 일독이 장려되기도 하며, 저녁 예배 시간 이후에는 모스크에 모여 꾸란 낭송회를 하는데 이때 많은 무슬림이 함께 모여 꾸란을 읽는 것이 일반적입니다. 또한, 이 기간에는 거리마다 색종이나 깃발 혹은 모스크 모양의 리본을 달거나 집집이 빛나는 색등을 걸기도 합니다.

2) 이프따르와 싸후르

라마단 기간 중 무슬림의 하루 단식은 모스크의 '아잔' 소리와 함께 음식을 먹기 시작하면서 끝이 나는데, 이 단식을 푸는 첫 음식 혹은 시간을 가리켜 '이프따르 **Iftar**'라고 부릅니다.

모든 무슬림은 하루 중 단식이 끝나는 시간이 되면 약속이나 한 듯 이프따르 음식을 미리 차려 놓고 하루 단식의 끝을 알리는 모스크의 '아잔' 소리를 기다립니다.

하루 내내 전혀 먹지 못한 대부분의 무슬림은 이프따르 음식을 가능하면 집에서 먹으려 합니다. 이를 위해 하루의 일몰 시각이 가까이 오면, 직장이나 일터에서 많은 무슬림이 거의 같은 시간에 귀갓길에 오릅니다.

일분일초라도 '이프따르' 시간에 늦지 않기 위해 일찍 귀가하려고 질주하지만 모든 사람이 한꺼번에 귀가하는 바람에 그야말로 라마단 기간 내내 매일 교통지옥을 방불케 합니다. 물론, 이 기간에는 비공식적으로 일몰 시각 훨씬 전에 살짝 퇴근하는 공무원이나 직장인들도 적지 않지만 서로 눈감아 주는 것은 불문율입니다.

라마단 금식 후 섭식, 아프따르

Chapter 05.
무슬림들의 단식, 라마단

라마단 기간 하루의 이프따르가 끝날 때쯤에 거리에 나가보면 언제 교통 마비가 있었냐는 듯이 거리는 쥐 죽은 듯 조용해져 있는데, 그 이유는 거의 모두가 자기 집에서 가족과 함께 이프따르 음식을 먹고 쉬고 있기 때문입니다. 이 시간만큼은 도시의 거의 모든 기능이 정지됩니다. 거리에는 전차나 버스도 보이지 않고 긴급한 용무의 차량만 보일 뿐입니다.

하루 중 이프따르 식사가 끝난 뒤에는 다시 시끌벅적한 축제가 시작됩니다. 하루 동안의 허기진 배를 채운 무슬림들이 거리로 몰려나와 산책하기도 하고, 친척과 이웃집을 방문하면서 이야기꽃을 피웁니다. 자정이 지나도 거리는 조용해지지 않습니다.

앞에서 언급한 대로 하루 중 단식이 끝나면서 먹는 음식을 아랍어로 이프따르라고 한다면, 하루 중 단식을 시작하기 바로 전에 먹는 음식을 '싸후르 **Sahoor**'라고 부릅니다. 새벽이 되면 '메싸하라띠 **Mesaharati**'라 불리는 사람들이 일출 전 마지막 싸후르 음식을 먹기 위해 늦지 않게 일어나라고 동네 골목마다 북을 치며 다니는 전통은 이미 오랫동안 라마단 기간의 진풍경이 되었습니다.

 ● **라마단에 대해 생각해 볼 것들**

1) 무슬림을 위한 30일 기도 운동

한때 이슬람 세계의 단식 절기인 라마단 기간에 국내 기독교인들 사이에서는 '역 라마단 운동'이라는 기도 운동이 유행처럼 번진 적이 있습니다. 그러나, 최근에 그 이름이 '무슬림을 위한 30일 기도 운동'으로 바뀐 것을 보며 다행으로 생각합니다. 왜냐하면, 이런 용어는 매우 민감해서 무슬림들을 충분히 자극할 수 있으며, 기독교에 대한 반감만 키우기에 십상이기 때문입니다.

필자는 20년 가까이 해외 이슬람권 현장에서 살면서 무슬림들이 가진 이슬람의 신학적 모순점과 비 진리성에 관해 많은 연구를 했으며, 적지 않은 반박 자료도 가지고 있습니다. 그리고, 한때는 여러 무슬림을 향해 이슬람이 가진 모순점과 허구성에 대해 논리적으로 반박도 했고, 기독교의 우월성과 진리를 피력하면서 복음을 전하기도 했습니다. 하지만, 당시 필자의 이런 전도 방법은 꾸란도 제대로 읽지 않아서 무엇이 적혀 있는지, 그것이 옳은지 그른지조차 판단할 수 없는 가운데 오직 맹신으로만 평생을 살아온 그들을 그리스도 앞으로 인도하지 못했습니다.

그때 그들은 오히려 필자의 논리적 반박에 자기들의 모순점을 인정할 수밖에 없는 상황이었음에도 결코 그들은 그리스도 앞으로 나오지 않았으며 오히려 필자를 반박할 구실을 찾아 다시 논쟁하려는 노력만이 되풀이되었을 뿐이었습니다.

당시 필자의 접근 방식은 마치 그들의 잘못되고 모순된 점들을 끊임없이 지적하고, 밝혀내고, 심지어 부끄럽게까지 해서 그 길로부터 돌아서라는 의도였습니다. 그러나, 이는 오히려 그들을 불편하게만 했을 뿐 그들을 변화시키지 못했고, 복음의 열매를 거두지 못했습니다.

무슬림을 위한 30일 기도 운동

2) 매파와 비둘기파 사역자들?

지금 국내를 포함해서 이슬람권에서 일하는 우리 선교사들은 두 가지 서로 다른 견해를 가지고 있습니다. 하나는 이른바 '매파'로 불리는 사역자들의 견해인데, 이슬람은 매우 위험한 종교이므로 모든 교회와 기독교인은 이에 대한 철저한 준비와 영적 무장을 단단히 해야 합니다. 또 다른 하나는 '비둘기파'로 불리는 사역자들의 견해인데, 매파 사역자들과는 정반대 견해를 가지고 있습니다.

예를 들면, 비둘기파 사역자들은 매파 사역자들을 향해서 기독교인들에게 너무 심한 이슬람 포비아(**Phobia**: 공포증/혐오증)를 조성하고 있다고 불만을 나타냅니다.

그에 대한 필자의 생각은 절대 그것이 무엇이든지 절대 나뉘지 않은 상태에서 함께 일하면서 두 가지를 병행해야 합니다. 즉, 아무것도 모르고 복종하며 살아가는 무슬림들을 잘못된 길로 이끌어 가는 이슬람은 경계하고 조심해야 하는 것도 사실이며, 동시에 그 안에 살아가는 무슬림들은 그리스도께서 말씀하신 대로 사랑해야 하기 때문입니다.

즉, 이슬람이 옳다고 굳게 믿으며 사는 모든 무슬림을 향해 진정한 친구로 다가가 그리스도께서 우리에게 말씀하시고 몸소 보여주신 그분의 사랑을 삶에서 실천할 수 있어야 합니다.

Chapter 05.
무슬림들의 단식, 라마단

 ● 기독교인들의 관용과 집착 사이

이슬람 세계의 라마단은 분명 이질적인 신앙을 가진 이슬람 교인들에 의해서 치러지는 연례 종교 행사입니다. 이 기간이 되면 전 세계 강성 이슬람주의자들은 라마단 기간을 적극적으로 활용해서 알라 앞에서 모든 무슬림의 회개와 영적 각성을 이끄는 모습을 보여줍니다. 이에 따라, 이 기간 팽팽한 영적 긴장감이 감도는 것도 숨길 수 없는 사실입니다.

그러나, 또 한편으로 보는 라마단은 전 세계 15억이 넘는 이슬람 신앙을 가진 무슬림들의 명절 기간이기도 합니다. 석가탄신일을 맞이한 불교 신자들을 향해 우리가 영적 전쟁을 선포하고 조심하라고 얘기하지 않는 것처럼, 이제 이웃이 되어 살아가기 시작한 무슬림들을 향해서도 그들의 삶과 신앙에 대한 마음으로부터의 존중과 배려는 분명 필요한 부분입니다.

물론, 무슬림들을 향한 우리의 진정한 존중과 배려는 우리의 가장 가치 있고 소중한 진리를 아끼지 않고 나누는 일이 되어야 합니다. 즉, 하나님의 사랑 안에서 우리가 소유한 최고의 가치인 예수 그리스도를 숨기지 않고 나누려는 마음이 존중과 배려 안에서 나타나야 합니다.

그러므로, 지금 선택의 자유도 없이 그들을 향한 하나님의 구원에 대한 기쁜 소식을 알지도 못한 채 살아가고 있는 교회 밖에 삶의 현장에서 만나는 모든 무슬림은 주님께서 우리에게 맡겨 주신 사랑과 전도의 대상임이 분명합니다.

끝으로 매년 반복되는 전 세계 이슬람의 라마단 단식 절기를 지켜보면서, 하나님께서 진정으로 원하시는 단식이 무엇인지도 모르는 채 단지 율법의 복종만을 통해 확실하지도 않은 구원을 어렴풋이나마 기대하며 살아가는 모든 무슬림이 이사야서 말씀을 깨닫고 참 진리를 발견할 수 있기를 간절히 기도합니다.

"보라 너희가 단식하면서 다투며 싸우며 악한 주먹으로 치는 도다. 너희의 오늘 단식하는 것은 너희 목소리로 상달케 하려 하는 것이 아니라. 이것이 어찌 나의 기뻐하는 단식이 되겠으며 이것이 어찌 사람이 그 마음을 괴롭게 하는 날이 되겠느냐? 그 머리를 갈대같이 숙이고 굵은 베와 재를 펴는 것을 어찌 단식이라 하겠으며, 여호와께 열납될 날이라 하겠느냐? 나의 기뻐하는 단식은 흉악의 결박을 풀어주며 멍에의 줄을 끌러 주며 압제당하는 자를 자유케 하며 모든 멍에를 꺾는 것이 아니겠느냐? 또 주린 자에게 네 식물을 나눠 주며 유리하는 빈민을 네 집에 들이며 벗은 자를 보면 입히며 또 네 골육을 피하여 스스로 숨지 아니하는 것이 아니겠느냐?"**(이사야 58:4~7)**.

15) 무슬림 대부분은 라마단 기간 중 제27일이라고 말하지만, 사실 정확하지 않다. 그래서 이슬람 학자들은 제21일, 제23일, 제27일 혹은 제29일 밤도 상관없다고 말한다.

16) 이날을 가리켜 아랍어에서 운명 혹은 권능의 뜻을 가진 '까드르'라는 단어를 사용하는데, 이는 우리 말 번역에서 '권능'의 밤으로 부르고 있지만, '운명'의 밤으로 칭하는 것이 더 정확하다.

17) 무함마드의 언행록인 하디스에 의하면, 이 '운명'의 밤에 대해서 이렇게 말하고 있다. "운명의 밤에 읽는 꾸란의 '까디르(운명)' 장은 꾸란 전체를 읽는 것 같은 가치를 가지며, 이날 밤은 한 달 내내 매일 밤 기도하고 예배하며 보내는 것도 더 가치가 있다".

18) 진실로 우리(하나님)는 권능(운명)의 밤에 계시(꾸란)를 내렸나니, 권능(운명)의 밤이 무엇인지 그대에게 알려주리라. 권능(운명)의 밤은 천 개월보다 더 좋으니 이 밤에 천사들과 가브리엘 천사가 주님의 명령을 받아 강림하여 아침 동녘까지 머무르며 '평안하소서'라고 인사하더라(꾸란 97:1~5).

19) 사람을 위한 복음으로 그리고 옳고 그름의 기준으로 라마단 달에 꾸란이 계시되었나니 그달에 임하는 너희 모두는 단식을 하라. 그러나, 병중이거나 여행 중일 경우는 다른 날로 대체하면 되니라. 하나님은 너희로 하여금 고충을 원치 않으시니 그 일정을 채우고 너희로 하여금 편의를 원하시니라. 그러므로, 너희에게 복음을 주신 하나님께 경배하며 감사하라(꾸란 2:185).

Chapter 06.
무슬림들의 최대 명절, 희생절

무슬림들의 두 종교 명절

무슬림들은 매년 두 절기를 명절로 지킵니다. 하나는 이슬람력으로 제9월인 라마단 월에 한 달 동안 단식을 마치면서 지내는 명절로, 아랍어로는 '이드 알 피뜨르 **Eid al-Fitr**'라고 합니다.

다른 하나는 양 같은 동물을 희생해서 제사하는 희생절 명절이며, 아랍어로는 '이드 알 아드하 **Eid al-Adha**'라고 부릅니다. 희생절 명절은 라마단 금식이 끝난 이후 약 70일 되는 날에 시작되는데, 이슬람력으로는 제12월이고, 2022년에는 7월 9일부터 12일 사이가 되며, 내년에는 6월 29일에 시작해서 7월 1일까지 계속됩니다.

무슬림들의 희생절

희생절 기간에는 동물을 희생제물로 드리는데, 희생물로는 주로 암수의 양을 사용하지만, 암수의 소나 염소 혹은 몇몇 가족이 돈을 모아 함께 낙타 같은 동물도 사용합니다.

희생물로 드리는 양과 염소는 1년생, 소는 2년생, 낙타는 5년생으로 한정됩니다. 희생물로 선정되는 동물은 병들거나 여위지 않고 흠잡을 데가 없어야 합니다.

Chapter 06.
무슬림들의 최대 명절, 희생절

희생물을 바칠 때는 드리는 당사자가 동물 목의 식도, 기도, 동맥을 절단해야 하며, 동물이 고통을 느끼지 않도록 예리한 칼로 단번에 잘라야 합니다.

당사자가 절단할 수 없을 경우는 다른 사람에게 부탁할 수 있지만, 자기도 곁에서 돕거나 옆에서 지켜보아야 합니다. 동물을 희생물로 바치기 전, 학대하지 않고 충분한 물을 주어야 하며, 동물의 머리를 메카로 향하게 하고 "알라는 위대합니다."라는 고백과 함께 '알라'의 이름으로 부르며 자릅니다.

동물을 희생시킨 뒤에도, 기도하며 피를 이마에 바르거나 주위에 뿌리기도 하는데, 이는 알라의 가호 加護를 기원하는 의식입니다. 바쳐진 희생물의 어떤 부분도 팔아서는 안 되며, 그 고기는 세 부분으로 나누어 가난한 자, 이웃과 친척, 자신의 몫으로 분배합니다. 희생된 동물의 가죽은 사회단체에 기증하거나 집에서 말려 방석 대용으로 사용할 수도 있습니다.

🕌 ● 희생절의 기원

무슬림들은 동물의 피로 대체되는 제사를 통해 자신의 죄를 용서받는다는 믿음을 가지고 있습니다. 이슬람 세계의 가장 큰 종교 명절인 이 희생절의 기원은 성경 안 아브라함의 제사 사건으로부터 유래합니다.

하나님께서 아브라함에게 그의 독자 이삭을 예루살렘 모리아 산에서 제물로 바칠 것을 명령하셨는데, 무슬림들은 아브라함이 그의 아들 이삭이 아닌 '이스마엘'로 믿고 있으며, 제물로 바쳤던 곳도 우리가 아는 예루살렘의 모리아 산이 아니라, 사우디아라비아의 메카라고 주장합니다.

 ● **대체된 희생제물**

여기에서 아브라함의 아들(꾸란에는 이삭인지 이스마엘인지 이름이 기록되어 있지 않음) 제사에 관한 성경과 꾸란 내용 중 공통점 하나는 원래 드릴 아들 제물이 다른 동물로 대체되었다는 것입니다.

즉, 성경의 이삭이나 꾸란의 이스마엘 둘 다 제물이 되기 직전에 다른 제물로 대체되었는데, 우리 성경에는 숫양으로 기록되어 있지만 **(창 22:13)**, 꾸란에는 어떤 동물인지 정확하게 언급되어 있지 않습니다.

성경에서 아브라함은 제단 위에 이삭을 올려놓고 칼을 뽑아내려 치는 순간, 하나님께서 급히 "아브라함아, 아브라함아"라고 부르신 후, 그 아들에게 손을 대지 말라고 말씀하셨습니다. 그리고, 이삭을 대신하는 제물을 보여주셨습니다.

"아브라함이 눈을 들어 살펴본 즉, 한 수양이 뒤에 있는데 뿔이 수풀에 걸려 있는지라. 아브라함이 가서 그 수양을 가져 다가 아들을 대신하여 번제로 드렸더라."**(창 22:13)**.

◀ 희생절에 사용할 양을 고르는 무슬림

대체 제물과 실체

성경에는 이삭을 대신하여 대체 제물이 되었던 수양은 다름 아닌 예수 그리스도로 밝혀지고 있습니다. 그러나, 꾸란에는 "우리(알라)는 그를 위대한 희생제물로 속량했다"**(꾸란 37:107)**라고만 기술되어 있으며, 그 제물의 구체적인 정체에 대해서는 언급되고 있지 않습니다.

세례 요한은 아담의 후손이 지은 모든 죄를 자기 몸에 짊어지고 어린 양이 되시기 위해 오신 예수를 향해, "보라 세상 죄를 지고 가는 하나님의 어린 양이로다"**(요 1:29)**라고 말합니다.

예수는 인류를 위한 대속과 언약의 제물이 되어 십자가에 못 박혀 죽임을 당하셨는데, 성경은 창세기 22장에 언급된 '수양'의 실체가 결국 예수 그리스도로 구체화되고 있음을 보여주고 있습니다.

그러므로, 우리 기독교인에게도 아브라함의 아들을 드리는 제사 사건이 중요한 의미가 있지만, 이제 무슬림들처럼 그 제사 사건을 되풀이하지 않습니다. 우리는 이제 어린양 되신 예수를 구세주로 믿는 사람들로 아브라함의 제사보다도 그리스도의 성찬 예식에 더 의미를 부여합니다. 왜냐하면, 갈라디아서 3:16에 말씀하고 있는 것처럼, 아브라함의 진정한 아들은 이삭도 아니고, 이스마엘도 아니며, 오직 예수 그리스도이기 때문입니다. 그러나, 안타깝게도 무슬림들은 여전히 어린 양 되신 예수 그리스도를 발견하지 못하고, 여전히 아브라함의 희생 제사에만 머물며 살아 가고 있습니다.

"이 약속들은 아브라함과 그 자손에게 말씀하신 것인데 여럿을 가리켜 그 자손들이라 하지 아니하시고 오직 하나를 가리켜 네 자손이라 하셨으니 곧 그리스도라."**(갈라디아서 3:16).**

2천 년 전, 우리를 위해 예수 그리스도가 십자가에서 희생된 어린 양임을 믿기만 하면, 매년 희생제물을 드리는 수고가 더는 필요 없었을 텐데, 이를 믿지 못하는 무슬림들은 여전히 알지도 못하는 자신의 죄를 위해 매년 수많은 동물을 희생제물로 드리는 열심을 보이며 살아갑니다.

🕌 ● 우리가 무슬림들과 다른 점 하나

창세기에 아브라함의 희생제 가운데 수양의 실체가 되신 예수를 그리스도로 고백하는 모든 이는 죄 문제를 해결 받았기에 더는 희생제사를 지낼 필요가 없습니다. 그러나, 아직도 죄 문제를 해결하지 못하고 끊임없이 자기 대신 동물을 희생제물로 드리는 무슬림들은 죄 문제를 해결 받을 다른 방법이 안 보입니다.

이제, 우리는 희생제물을 드리는 의식 대신, 그리스도의 거룩한 성찬 의식에 참여함으로써 이미 죄를 속량해 주신 그리스도에 대한 감사와 하늘 보좌에서의 만찬을 미리 맛보는 은혜를 나누며 살아가게 되었습니다.

Islam from
the outside

Chapter 07.
이슬람과 지하드

한 손에 칼, 한 손에 꾸란

우리가 이슬람교를 설명하는 말 중에, '한 손에 칼, 한 손에 꾸란'이라는 표현이 있습니다. 이 말은 스콜라철학의 대부 격인 이탈리아의 신학자 토마스 아퀴나스(**AD** 1225~1274)가 당시 무슬림들을 설명하는 말로 알려져 있습니다. 그러나, 이 말에 대해 무슬림들은 동의하지 않습니다. 그러나, 현 사우디아라비아 국기에 담긴 의미라든지, 꾸란의 기록에서도 유사한 표현이 수없이 발견됩니다.

"금지된 달이 지나면 너희가 발견하는 불신자들마다 살해하고 그들을 포로로 잡거나 그들을 포위할 것이며 그들에 대비하여 복병하라. 그러나, 그들이 회개하고 예배를 드리면 이슬람 세를 낼 때는 그들을 위해 길을 열어 주리니 실로 하나님은 관용과 자비로 충만하심이라"(**꾸란 9:5**).

심지어, 12세의 나이로 꾸란 전체를 암송하기도 하고, 이슬람문화로 이집트 알 아즈하르 대학에서 박사학위까지 받았으나 후에 개인적 체험을 통해 기독교로 회심한 가브리엘 박사는 꾸란 60% 정도가 지하드 개념과 직간접적으로 관련되어 있다고 말합니다.

이슬람이 말하는 두 종류의 세상

일반적으로, 이슬람교에서는 이 세상을 두 개로 나눕니다.

하나는 '이슬람의 집 **Dar al-Islam**'으로 무슬림들이 살아가는 지역이고, 다른 하나는, '전쟁의 집 **Dar al-Harb**'으로 비 무슬림들이 사는 지역입니다. 무슬림들의 포교는 전쟁의 집에서만 이루어지기 때문에 비 무슬림들이 주로 살아가는 지역에서의 전쟁을 '지하드'로 설명합니다.

● 지하드의 원래 의미

국립국어원의 표준국어대사전을 보면, 지하드 **jihād**를 가리켜, 이슬람교의 신앙을 전파하거나 방어하기 위하여 벌이는 이교도와의 투쟁을 이르는 거룩한 전쟁(성전)으로 설명하고 있습니다. 아울러, 이슬람법에 따라 모든 무슬림 성년 남자는 의무적으로 이 지하드에 참가하여야 한다고 쓰여 있습니다.

소위 '거룩한 전쟁', 즉, '성전'이라고 번역되는 아랍어의 지하드 **Jihad**는 원래, 내면적인 노력, 혹은, 분투를 의미합니다. 하지만, 좀 더 축소된 의미로는 이슬람을 위한 전쟁으로 표현됩니다. 이에 따라, 전자는 정신적 지하드로 불리면서 대 지하드로, 후자는 물리적 지하드로 불리는 소 지하드로 부릅니다.

이는 아래 꾸란 구절에서 보여주고 있듯이, 신의 길을 따라가는 과정에서 모든 무슬림이 겪는 수많은 영적 어려움에 대한 자기의 내면적 노력과 분투를 말합니다. 특별히, 작은(소) 지하드로 알려진 물리적 지하드는 이슬람과 그 공동체를 수호하고 건설하기 위해서 직접 전투에 참여해서 무력으로 투쟁하는 것을 말합니다.

이 지하드에 참전하는 전사를 가리켜 '무자헤딘 **mujāhidīn**'이라고 부르는데, 이슬람에서 모든 무자헤딘에게 주어지는 꾸란의 약속은 천국입니다.

"알라는 믿는 자 가운데서 그들의 영혼과 그들의 재산을 사시나니 천국이 그들의 것이기 때문이라. 그들은 알라를 위해서 성전하고 투쟁하며 순교하리니"**(꾸란 9:111)**.

또한, 무슬림들은 죽음을 두려워하지 않으며**(꾸란 4:78)**, 죽음을 어둠과 답답함 속으로부터 밝음과 넓은 세계로의 탈출이라고 믿고 있으며**(꾸란 56:58~61)**, 죽음 자체를 영원한 삶에 이를 수 있는 교량이며, 천국에서는 영혼과 육체가 새로 부활하여 영적으로 새로운 양상으로 재창조될 것을 믿고 있습니다**(꾸란 3:185)**. 그러므로, 이슬람의 지하드 개념도 원칙적으로는 꾸란에서 언급된 죽음에 대한 신학적 개념으로부터 이해되어야 합니다.

"믿는 자들이여 허리 숙여 부복하고 주님을 경배하며 선을 행하라. 하나님의 길에서 성전하라. 그 성전은 그분의 권리라. 그분께서 너희를 선택하사 종교 생활에 어려움이 없도록 했노라. 그러므로 너희의 선조 아브라함의 신앙을 따르라."**(꾸란 22:77~78)**

그러므로, 무슬림들의 표현을 빌려서라도 지하드의 원래 뜻은 겉으로 드러나는 물리적 충돌에서의 싸움이 아니라 영적 의미에서부터 시작하는 것이기에 이를 거룩한 전쟁(성전)이라고 불렀습니다. 이에 따라 이슬람교를 가리켜 스스로 평화의 종교라는 무슬림들의 주장이 틀리지 않기 위해서라도 이슬람의 지하드는 전쟁에서 사람들을 끔찍하게 살상하는 것이 되어서는 안 됩니다.

Chapter 07.
이슬람과 지하드

 ● **천국으로 직행하는 무자헤딘**

이슬람교가 태동하고 성장하는 과정에서 주변의 수많은 이교도와의 충돌과정에서 전투가 불가피했습니다. 이때 전투에 참전하는 무슬림 병사들을 격려하기 위해서 영적인 지하드에서 물리적인 지하드를 파생시켰습니다. 그리하여, 모든 무슬림 병사에게 당시의 전투를 거룩한 전쟁으로 인식하게 했으며, 이들을 향해 성전에 참여한 전사라는 뜻의 '무자헤딘'이라고 불렀습니다.

이슬람교에서의 구원과 천국은 알라의 전적인 권한이기에 인간들에게는 늘 불확실한 것이었습니다. 그러나, 지하드에 참전해서 전사(순교)한 무자히딘 병사들에게만은 예외 사항이 되었습니다. 즉, 아래 꾸란 구절처럼, 지하드에 참전해서 전사한 모든 무자헤딘은 바로 천국으로 직행하며, 천국에서 그들이 받을 상급은 매우 크다는 것으로 고무하고 있습니다.

"그로 하여금 알라의 길에서 투쟁케 하라. 이들은 현세를 버리고 내세를 구하려 함이거늘 알라의 길에서 투쟁하는 자에게는 살해당하던, 승리를 거두던 알라는 그에게 크나큰 보상을 주리라"**(꾸란 4:74)**

 ● **무함마드와 지하드**

이슬람의 창시자 무함마드는 메카에서 그의 반대자들로부터 위협

을 느끼게 되자 메디나로 이주하였습니다. 그는 메디나에서 어느 정
도 그의 세력을 형성하자 메카를 정복하기 위하여 메카 사람들의 무
역로를 차단하고 대상들을 습격하는 등 무력을 사용합니다. 메카에
서 메디나로 이주한 한 지 2년이 되었을 때 '바드르' 전투가 발발하
였습니다.

당시 그 전투에서 삼백의 무슬림이 천명의 메카 사람들을 살해하였
다고 합니다. 꾸란에 따르면, 무함마드가 '바드르' 전투 직전까지 메
카의 꾸라이쉬 부족에 대한 무력 공격을 얼마나 철저히 준비했는지
를 짐작할 수 있습니다.

"만약 너희가 (전투에서) 불신자를 만나면 그들의 목을 쳐라."**(꾸란
47:4)**.

🕌 ● 무함마드 후계자들의 지하드

무함마드 사후 네 명의 정통 칼리프(후계자) 시대가 시작되었습니
다. 그중 첫 번째 칼리프인 아브 바크르만 나이 들어 죽고, 나머지 세
명의 칼리프는 모두 다른 무슬림 정적에게 암살당했습니다.

바로 이 암살 행위에 지하드 개념이 덧붙여집니다. 이슬람 공동체
안에서 부패한 지도자나 이슬람법을 어기는 자들도 지하드의 대상
이 되기 때문입니다.

Chapter 07.
이슬람과 지하드

이슬람의 제4대 정통 칼리프, 알리는 제3대 칼리프, 우스만의 친척이며 당시 시리아 총독인 무아위야의 공격을 받게 되는데, 이때 알리를 따르는 무슬림들로부터 이슬람의 시아파가 시작됩니다. 후에, 알리에 대항한 무아위야는 움마이야 왕조를 세우고 수니파를 형성합니다.

이것이 이슬람의 거대한 두 종파인 수니파와 시아파의 시작이며, 이들은 처음부터 죽고 죽이는 살인을 통해 원한의 깊은 감정의 골을 절대 메울 수 없으므로 그때부터 중동에서 불편한 동거가 시작됩니다.

당시 알리의 아들 후세인은 무아위야의 군인들에 의해 '카르발라'(지금의 이라크)에서 죽임을 당합니다(**AD** 68). 이에 시아파 무슬림들은 지금까지 후세인이 수니파 무슬림들에 의해 죽임당한 날을 후세인 순교일로 정하고 매년 추모행사(아슈라)를 가지면서 수니파 무슬림들을 향한 복수심을 불태우고 있습니다. 이 사건이 바로 오늘날 수니파와 시아파 무슬림들 사이에서의 갈등과 충돌의 시작입니다.

🕌 ● 카리지파와 지하드

'이탈자', '탈퇴자'라는 뜻을 지닌 '카리지야'라는 말에서 유래된 카리지파는 제4대 칼리프인 알리 진영으로부터 이탈한 자들입니다. 카리지파는 시아파를 만든 알리와 수니파를 만든 무아위야 모두를 알라의 적으로 규정하고, 이들에 대한 암살을 단행했습니다.

이란의 시아 무슬림들의 모스크
Iran Isfahan mosque (17th-century)

하지만, 카리지파는 알리만 암살하고(**AD** 661년), 무아위야를 물리치지 못합니다. 카리지파가 현대 이슬람 원리주의에 끼친 영향은 정권에 대항한 혁명적 반란과 이에 대한 이론적 근거를 제공했을 뿐만 아니라 지하드를 관행화했다는 것입니다.

그리고, 카리지파는 모든 무슬림이 실천해야 하는 다섯 가지 덕목인 오행 五行에 이슬람의 지하드를 더해 육행 六行으로 간주하여 이를 의무화합니다.

🕌 ● 현대판 이슬람 지하드

오늘날 이란 이슬람 혁명을 성공시킨 호메이니는 이란·이라크 전쟁에 참여하여 전사한 병사들에게 지하드의 순교자라고 부르며 천국이 그들의 것이라고 소리쳤습니다.

그 점에 있어서는 당시 이라크의 사담 후세인도 마찬가지였습니다. 수년 전 미국의 이라크 침공 시 이에 맞서는 이라크 무슬림들에게도 역시 무자헤딘이라고 부르며 무조건 천국으로 갈 것을 외친 바 있습니다.현대 이슬람 지하드의 가장 큰 적은 누가 뭐래도 이스라엘과 이스라엘을 돕고 있는 세력입니다. 9·11 테러의 주범으로 알카에다를 이끌던 오사마 빈라덴의 잔인무도한 행위가 이슬람의 지하드가 될 수 없다고 반박하는 무슬림들도 적지 않지만, 오사마 빈라덴 자신은 이슬람 지하드를 수행하고 있다고 다음과 같이 언급한 바 있습니다.

"전투원이든 민간인이든 미국인과 그 동맹자들을 죽이는 것은 모든 무슬림의 개인적인 의무다. 이는 예루살렘의 알아끄사 사원을 해방하기 위해, 신성한 메카 사원을 저들의 손아귀에서 해방하고 그들의 군대를 이슬람 땅에서 몰아내기 위해서이다."

그러나, 무슬림들도 현대의 이슬람 지하드 개념 중 가장 중요한 것은 폭력적 테러의 모습을 띤 지하드로는 더 이상 세계 여론을 설득할 수 없으며, 이슬람 포교의 길이 막힐 것이라는 생각을 합니다. 여기에서 잔인한 폭력적 모습이 아닌 비폭력의 지하드 형태가 시작됩니다.

이러한 비폭력 지하드의 모습은 이제 더 이상 낯선 모습이 아닙니다. 오늘날 테러의 모습을 띤 폭력의 지하드를 추구하는 그룹과 평화를 추구하는 비폭력적 지하드를 추구하는 그룹이 존재합니다. 이두 이슬람 계파 간 갈등은 여전히 존재하기는 하지만, 현재는 비폭력 지하드에 무게가 많이 쏠리고 있다고 보입니다.

이런 비폭력의 지하드는 대체로 전 세계에 교육기관을 설립하여 포교하는 방식이 가장 널리 퍼져 있습니다. 최근에 우리나라에서도 주요 사안이 되었던 이슬람국가의 자금조달을 위해 발행하는 채권을 사용하는 수쿠크법 같은 금융도 비폭력 지하드로 볼 수 있습니다. 이외에도 비이슬람 사회의 언론, 출판, 방송, 문화 분야를 통해서 다양하게 나타납니다.

그러나, 꾸란에서도 언급되고 있듯이, 이슬람의 지하드가 추구하는 최종 목표가 결국 그들이 속한 사회와 국가를 알라의 것으로 만든다는 점에서는 동서고금을 막론하고 큰 차이가 없습니다.

▶ 폭력적 테러의 지하드로는
세계의 여론을 설득할 수 없다.

"박해가 사라지고 종교가 온전히 알라만의 것이 될 때까지 지하드
(성전)하라"**(꾸란 8:39).**

최근, 중동 지역에서 이른바 '이라크·시리아 이슬람국가(**Islamic
State in Iraq and Syria: ISIS**)'가 우리에게 보여 준 일련의 잔인하
고 호전적 모습에 대해서 무슬림 대부분은 이슬람과는 무관한 것이
라고 말합니다. 그러나, 우리가 그리스도의 이름으로 무슬림들을 사
랑해야 하지만, 이슬람교가 가지고 있는 저의에 대해 완전하게 긴장
을 풀 수만은 없는 것도 사실입니다.

이슬람의 무자히딘과 천국

앞에서도 잠깐 기술했듯이, 이슬람 안에는 우리처럼 대속자나 구속
자의 개념이 없습니다. 그래서, 무슬림들은 구원의 확신, 즉, 자기들
이 천국에 갈 확신이 없습니다. 그러나, 꾸란에서 천국에 들어가는
유일한 길을 하나를 확실히 제시하고 있는데 바로 이슬람 지하드에
참여한 무자헤딘이 순교하는 것입니다. 꾸란은 지하드에 참전하여
순교하면 바로 천국에 들어갈 수 있다고 반복하여 강조하고 있습니
다.

"알라는 믿는 자 가운데서 그들의 영혼과 그들의 재산을 사시나니
천국이 그들의 것이기 때문이라. 그들은 알라를 위해서 성전하고 투
쟁하며 순교하리니."**(꾸란 9:111).**

Chapter 07.
이슬람과 지하드

그렇다면, 지하드에 참전한 무자헤딘들에게 보장된 천국은 어떤 곳일까요?

꾸란에 소개된 천국은 남자들이 아무리 마셔도 취하지 않은 술을 마시고, 눈이 크고 예쁘며 남자를 알지 못하는 처녀들로부터 섬김을 받는 곳으로 묘사됩니다.

"그러나, 알라를 믿고 선행을 하는 자를 천국에 들게 하리니 강이 흐르는 그곳에서 영생케 하리라. 그곳에는 순결한 아내가 있노라. 또한 그들을 온화한 그늘에 들어가게 하리라."**(꾸란 4:57)**.

"그들은 가장 축복받은 천국에서... 그것은 머리가 아프지 아니하고 취하지도 않더라. 그들 주위에는 순결한 여성들이 있나니 그녀의 눈은 잘 보호되었고 눈은 크고 아름다우매 마치 잘 보호된 달걀과 같더라."**(꾸란 37:43~49)**.

꾸란의 천국은 남자들의 욕심, 그곳도 죄악으로 가득 찬 남자들의 욕심이 마음껏 성취될 수 있는 곳입니다. 그래서 꾸란의 천국은 지극히 남성 중심적으로 보입니다. 그것도 거룩한 남자도 아니고 죄악된 남자가 중심이 되고, 그 남자를 위한 술과 여자가 있는 곳으로 묘사하고 있습니다.

구약 시대에는 분명히 혈과 육의 싸움이 있었습니다. 예를 들면, 여호수아는 가나안 땅을 정복하고 그 땅을 이스라엘 백성들에게 분배하는 과정에서 많은 피를 흘렸습니다. 그러나, 신약 시대에는 그렇지 않습니다. 예수 그리스도는 그의 나라가 이 세상에 속하지 않았다고 말했습니다. 또한, 신약성경은 우리의 싸움을 가리켜 결코 혈과 육의 싸움이 아니라고 가르치고 있습니다.

지금 무슬림들 가운데 성경의 천국이 꾸란의 천국과는 달리 이 땅에서 완전히 죄 사함을 받고 하나님의 의와 거룩함을 덧입은 자들만이 들어갈 수 있는 곳임을 깨달아 그리스도인이 된 사례가 적지 않습니다.

이슬람 포비아

지금 국내로 들어오는 무슬림들을 향해 일부 기독교인은 이슬람에 대한 공포와 두려움을 말합니다. 분명히 폭력적 지하드 생각을 가진 무슬림들이 존재하며, 그들 가운데 일부가 국내로 들어올 수도 있을 것입니다. 또 반대로, 이슬람 혐오증(이슬라모포비아 **Islamophobia**)으로 해석하면서 우리 기독교인의 과잉 반응으로 지적하기도 합니다.

동전의 양면처럼 두 생각이 모두 틀리지 않습니다. 그러나, 이를 방지하기 위해 무슬림들의 입국을 사전에 봉쇄하며, 체류를 반대하며, 그들이 신앙생활을 위해 필요한 기도처의 건립이나 할랄 식품에 대해 무조건 반대하기보다는 하나님께서 그들을 이 땅에 보내주셨다는 생각을 한번 가져보는 것은 어떨까요? 비록 우리가 해외로 나가서 무슬림들에게 복음을 전하지는 못하지만, 우리 이웃으로 살아가는 무슬림들에게 그리스도의 사랑과 복음을 전하라고 우리 주님께서 보내주신 사람들은 아닐까요?

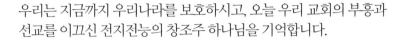

Chapter 07.
이슬람과 지하드

우리는 지금까지 우리나라를 보호하시고, 오늘 우리 교회의 부흥과 선교를 이끄신 전지전능의 창조주 하나님을 기억합니다.

"지금 우리 이웃으로 살아가는 무슬림들이 어느 날 갑자기 폭력적으로 돌변해서 우리에게 해를 끼치지는 않을까?" 혹은, "무슬림들이 계속 들어와서 우리나라를 결국 이슬람화하지는 않을까?"라는 생각으로 두려움에 사로잡혀 아무것도 하지 않으려는 우리에게 지금 우리 주님께서 말씀하십니다.

"사랑 안에 두려움이 없고, 온전한 사랑이 두려움을 내어쫓나니…"**(요일 4:18)**.

그러므로, 그들을 향해 우리 하나님께서 허락하시고 우리의 곁으로 보내주신 복음을 받아야 할 전도와 구원의 대상으로 인식해야 합니다. 이제 우리의 문제는 지금 우리 이웃으로 살아가는 적지 않은 무슬림들에게 어떻게 구체적으로 복음을 전할 것인가에 대한 것입니다.

1986년에 개봉한 '미션'이라는 영화의 마지막 대사를 소개합니다. 18세기 남아메리카에서 선교 활동을 한 예수회 선교사들의 이야기를 다룬 이 영화의 마지막 장면에서 주인공 선교사가 외친 이 한마디를 지금도 지하드라는 이름으로 끔찍한 살인과 테러를 자행하는 모든 무자헤딘에게 외칩니다.

"만약 정의의 이름으로 폭력이 사용된다면, 그리스도의 사랑이 있어야 할 자리는 없습니다."

Islam from
the outside

Chapter 08.
'스쿼시' 같이 '알라'를 생각하며 사는 무슬림들

● '스쿼시'라는 것
● 종교개혁자들의 종교개혁
● 모든 무슬림에게 묻습니다

밖에서 본 이슬람,
무슬림 이해하기
(밖에서 본 이슬람 시리즈 제1권)

● '스쿼시'라는 것

우리가 이미 잘 아는 '스쿼시'라는 운동이 있습니다. 원래는 테니스에서 유래되었지만 작고 속이 빈 고무공을 가지고 혼자서 혹은 둘이서 공을 벽에 튕기면서 하는 운동입니다.

스쿼시는 벽을 향해서 강하게 치면, 강하게 돌아오고, 약하게 치면 약하게 돌아오고, 오른쪽으로 치면 오른쪽으로 공이 오고, 왼쪽으로 치면 왼쪽으로 공이 돌아옵니다. 즉, 어디로 공을 치든지 그 공은 치는 이에게 충직하게 반응합니다.

지금 전 세계 무슬림들은 자기들의 신을 '스쿼시' 담벼락처럼 생각합니다. 착한 일 많이 행하면 신이 그만큼 축복할 것으로 생각합니다. 그래서, 꾸란에서 얘기하는 대로 행하기만 하면, 신은 그 보답으로 구원을 허락하시며, 그들을 천국에 보내줄 것으로 믿습니다. 자기들이 낸 헌금만큼, 신이 복 주실 것이며, 반대로 기도와 예배를 소홀히 하면, 신이 벌줄 것으로 생각합니다. 다른 사람을 위해 봉사하지 않으면, 신이 자기도 돌보지 않을 것으로 생각합니다.

그러나, 하나님은 스쿼시 담벼락처럼 우리가 치는 대로 되돌아오는 분이 아닙니다. 이런 생각은 무슬림들뿐 아니라 하나님의 교회 안에서도 오랜 기간 존재했습니다. 16세기의 종교개혁은 이런 배경 속에서 시작되었는데, 당시 종교개혁자들이 가진 두 질문이 있었습니다.

그 하나는, '인간이 구원을 얻기 위해 할 수 있는 일은 무엇인가?'였고, 다른 하나는 '어떻게 죄인이 거룩하고 의로우신 하나님과의 관계를 시작할 수 있을까?'하는 것이었습니다.

종교개혁자들의 종교개혁

이제 종교개혁이 일어난 지 5백 년을 넘기면서 우리는 당시 종교개혁자들이 가진 그 질문들에 답할 수 있습니다. 그 답 중 하나에는 하나님의 올바른 구원 의도와 방법이 포함됩니다. 결국, 우리 인간이 구원받는 것은 무엇인가를 행해서가 아니었습니다.

우리의 구원은 이미 예수께서 십자가상에서 우리의 죗값을 다 치르시고, 그 십자가의 의를 우리에게 전가해 줌으로 우리의 모든 죄가 덮여 용서받고 구원받은 것이었습니다. 하나님께서 우리를 의롭다고 여기셨기(칭의)에 우리가 그분의 은혜로 구원받은 것입니다.

그러므로, 이를 잊어버리고, 세상을 변화시키지 못하고, 세상에 의해 퇴색하는 모습을 가진 교회는 더 이상 교회가 아닙니다. 우리 하나님은 힘없고, 세상도 변화시키지 못하는 그런 교회를 허락하신 적이 결코 없습니다. 하나님의 교회는 반드시 세상을 변화시켜야 합니다. 당연히 그럴 힘과 권능을 가지고 있습니다.

또, 하나님의 교회는 이 세상에서 소금과 빛의 역할을 감당해야 합니다. 이 세상에서 구원받은 자들이 모인 하나님의 교회는, 아직 구원받지 못한 이들을 구원으로 인도할 수 있어야 합니다.

그런데, 지금 하나님의 교회가 구원과 천국의 복음을 외치기보다 종교개혁 이전처럼 헌금 많이 내면 하나님께서 복 주실 것이라고 외치기 시작합니다. 교회가 예수 그리스도 외에도 구원이 있다고 말하기 시작합니다. 교회가 구원을 위해 어떤 조건을 내세우기 시작합니다. 기도해야만, 예배 드려야만, 금식해야만, 헌금해야만, 사랑해야만, 봉사해야만 구원을 얻는다고 말합니다.

그러나, 우리의 구원은 주고받는 거래 같은 것이 아니라, 우리를 향한 창조주 하나님이 보이신 사랑의 표현에 우리가 믿음으로 반응했을 때 받는 조건 없는 선물입니다. 이를 가리켜 구속의 은혜로 구원받았다고 말합니다.

오늘 누구든지 예수를 구주로 받아들이는 그 순간 구원받을 것입니다. 이는 우주를 만드신 사랑의 하나님께서 우리에게 말씀하신 신실한 약속입니다. 그러므로, 이 세상에서 예전이나 지금이나 앞으로나 가장 기쁘고 가장 놀라운 소식은 우리에게 주시는 하나님의 구원이 아무 조건 없는 선물이라는 것입니다.

예수를 삶의 주인을 받아들이겠다는 인격적인 의지와 믿음으로 누구든지 구원받고 천국에서 영원히 살아갈 수 있습니다. 이렇게 쉬운 길이 있는데도 여전히 다른 곳에서 다른 방법으로 구원을 찾는 이들이 있다면 그들은 진정으로 구원이나 천국을 원하는 사람이 아닐 것이 분명합니다.

Chapter 08.
'스쿼시' 같이 '알라'를 생각하며 사는 무슬림들

우리 기독교인은 누구보다도 열심히 기도하고, 예배 드리고, 헌금하고, 금식하고, 봉사하고 이웃을 사랑하는 사람입니다. 그러나, 이런 기독교인들의 모든 행위는 구원을 위한 행위가 결코 아닙니다. 이미 하나님의 은혜 안에서 믿음으로 구원을 얻게 된 것에 대한 당연한 감사의 표시일 뿐입니다.

모든 무슬림에게 묻습니다

아직도 구원의 확신 속에서 살아가지 못하며, 까마득하고 희박한 기대만으로 구원을 위해 평생 이룰 수도 없는 자기의 행위를 통해 신에게 다가가려는 모든 무슬림에게 묻고 싶습니다.

그것이 불가능한 일이라는 걸 이미 알고 있으면서도 그 모든 율법을 다 지켜서 구원받는 길을 택하겠습니까?

아니면, 하나님의 은혜 안에서 예수를 구주로 믿겠다는 믿음의 결정 하나만으로 구원받고 천국 가겠습니까?

Islam from the outside

Chapter 09.
무슬림들이 생각하는 '알라'와 우리 하나님

- 무슬림들이 가진 '알라'에 대한 이해
- 무슬림들이 가진 '알라'의 단일성(타우히드)
- 무슬림들이 생각하는 알라의 초월성
- 무슬림들이 생각하는 '알라'에 대한 요약표
- 이슬람의 '알라'에게도 사랑이 있나?

무슬림들이 가진 '알라'에 대한 이해

무슬림들은 7가지 원리를 가지고 그들의 신(알라)을 이해합니다.

❶ 생명: 알라의 존재는 시작도 끝도 없습니다. 그는 무슨 일이 발생하든 이익도 손해도 보지 않습니다.

❷ 지식: 알라는 보이는 것과 보이지 않는 것, 과거와 현재, 미래의 모든 것을 압니다. 그는 망각하지 않고, 소홀히 여기지 않고 실수가 없습니다.

❸ 능력: 알라는 전능합니다. 그가 원하면 돌이나 나무도 말하게 합니다. 그 능력은 영원합니다.

❹ 의지: 알라는 원하는 모든 것을 할 수 있습니다. 그는 행동할 필요가 없으며, 선과 악은 그의 의지로 존재합니다. 누군가 믿음이 좋거나 없으면 그것은 알라의 뜻입니다.

❺ 들음: 알라는 높고 낮음에 관계없이 모든 소리를 듣습니다.

❻ 봄: 알라는 모든 것을 보는데, 심지어 검은 고양이가 밤중에 검은 돌 위에서 걸어가는 발자국까지 볼 수 있습니다.

❼ 말함: 알라는 혀 없이 말합니다.

무슬림들이 가진 '알라'의 단일성(타우히드)

아랍어로 '타우히드'라고 부르는 알라의 단일성은 이슬람의 가장 중

심이 되는 사상입니다. 이슬람 성립 초기인 7세기 아라비아반도에는 다신교적 분위기와 우상숭배가 만연된 부족사회였습니다. 그런 사회를 바꾸고자 했던 무함마드는 천지를 창조한 창조주이자, 운명의 결정자이고 심판자 속성을 가진 초월적이고 전지전능한 단일 신 알라를 알리면서 이슬람을 시작합니다. 이슬람의 '타우히드' 사상이 가장 잘 표현된 것이 바로 믿음의 다섯 기둥 중 가장 중요한 신앙고백 **Shahada**에 나오는 "알라 외에는 다른 신은 없다!"라는 구절입니다.

아울러 이슬람에서 알라의 단일성에 대한 강조는 "절대 신은 삼위 중에 한 분이 아니도다"**(꾸란 5:76)**, "그분께서는 아들이 없으며"**(꾸란 2:116)** 등에서 기독교 구원의 핵심인 예수 그리스도의 하나님의 독생자 됨을 근본적으로 부정하고 있습니다.

단일신인 알라에 대한 숭배는 또한 무슬림들의 문화 활동에도 크게 영향을 미쳐서 알라와 무함마드에 관한 어떠한 동상이나 그림도 허용되지 않았습니다. 그 결과로 이슬람 예술은 아랍어를 가지고 쓰는 서예와 오직 아라베스크 식 무늬로만 발전되었습니다.

단일신 알라에 대한 굳건한 믿음은 무슬림 신앙의 가장 중요한 요소로서 그 존재를 의심하거나 인격화하는 것이 가장 커다란 죄입니다. 무슬림들이 가진 이슬람 신학은 6신 六信과 5행 五行으로 요약되는데, 무슬림들은 평생 여섯 가지 믿음을 가지고 살아가며, 다섯 가지 규범을 삶에서 지키며 살아갑니다. 이 다섯 가지 삶의 규범 중 첫째가 '신앙고백(샤하다)'이며, 여기에 무슬림들이 가진 알라의 단일성(타우히드)이 드러납니다.

"'알라' 외에 다른 신은 없으며, '무함마드'는 알라의 사자입니다!"

이 신앙고백은 모든 규범보다 우선하며, 심지어, 이 고백 하나로도 무슬림이 될 수 있습니다. 그러므로, '알라'의 단일성은 무슬림들에게 가장 중요합니다. 꾸란에서는 '알라'는 단일하며, 모든 것이 그에게 의존하며, 그는 나지도, 낳지도 않으며 그와 같은 이가 없다고 말하라고 기록하고 있습니다(**꾸란 112:1~4**). 이런 믿음 안에서 알라와 다른 신들과 교제가 있다는 것은 무슬림들이 범할 수 있는 가장 큰 죄입니다.

"알라는 그와 같은 자리에 있는 동반자를 절대 용서치 않습니다. 그가 기뻐하는 자는 모두 용서합니다. 누구든지 알라와 동반자를 만드는 자는 진실로 큰 죄를 범하는 것입니다."(**꾸란 4:48**).

이슬람에서 말하는 알라의 위대성은 무슬림들이 늘 외치는 말에서도 찾아볼 수 있는데, 이것이 바로 '아크바르 **Akbar**'라는 말이며, '알라'는 위대하다는 아랍어입니다.

무슬림들은 이것을 끊임없이 말하며 살아가는데, 이는 인간이 생각할 수 있는 것 이상으로 알라는 위대하다는 의미가 포함됩니다.

"하나님이 인간을 창조하사 인간의 마음속에 속삭이고 있는 것을 알고 있으며, 인간의 목에 있는 혈관보다 내가 더 인간에게 가까이 있노라(**꾸란 50:16**).

또한, 이 말은 무슬림들 사이에서 어떤 말보다도 더 많이 고백합니다. 무슬림들은 기도할 때뿐만 아니라 평상시에도 수없이 많이 사용

합니다. 전쟁 시에는 고함으로, 아기가 태어났을 때 기쁨의 표현으로, 장례식 때 끊임없이 부르는 애도가로도 사용됩니다. 그러나, 이 고백을 마음에서 진정으로 우러나와서 하는 무슬림들이 과연 얼마나 있을까 하는 데는 의문이 들기도 합니다.

● 무슬림들이 생각하는 알라의 초월성

무슬림들이 말하는 알라의 초월성은 본질적으로 전적인 타자이며, 인간을 포함한 그의 피조물과 전적으로 분리되어 있음을 의미합니다.

그러므로, 인간의 몸을 입고 성육신한다는 것은 절대 있을 수 없는 일입니다. 피조물을 향한 알라의 자비도 재판관으로서 그의 위엄을 부각하기 위함입니다. 알라가 인간과 개인적 접촉을 한다는 것은 알라의 초월성을 위협하는 것이 됩니다.

그러므로, 우리 기독교인처럼, 무슬림들이 알라를 아버지라고 부른다는 것은, 알라의 품위를 떨어뜨리는 것으로 생각합니다.

또한, 알라를 향해 아버지라고 부르는 의미 속에는 어머니의 존재뿐 아니라 아들과 딸의 개념도 함께 수반하는 것으로 봅니다. 그러므로, 알라가 인격적인 존재라는 말은 알라가 인간과 닮았다는 것을 의미하기 때문에 무슬림들은 이를 인정하지 않습니다.

아래 간략한 도표를 통해서도 이해할 수 있듯이 무슬림들의 알라와
우리 하나님 사이에는 매우 커다란 차이가 있음을 발견합니다.

무슬림들이 생각하는 '알라'에 대한 요약표

이슬람의 알라	기독교의 하나님
단일신	삼위일체의 유일신(마 28:19)
인간과의 교제가 없으며 접근 불가의 신	함께하시는 임마누엘의 하나님(마 1:23)
전지전능의 신	전지전능의 아버지
복종을 강요하는 신	순종을 요구하는 하나님 (삼상 15:22)
두려움의 신	사랑의 하나님(요일 4:8)
오직 충성을 요구하는 신	간구에 응답하는 하나님 (렘 33:3)
오직 찬양만 받는 신	인간을 향해 탄식하고 애원하시는 하나님(렘 3:22)

이슬람의 성지, 사우디아라비아의 '하람' 모스크

● 이슬람의 '알라'에게도 사랑이 있나?

앞의 비교표를 본 기독교인들은 이슬람의 '알라'한테는 사랑이 없다고 생각할 수 있습니다. 그러나, 이슬람 안에는 '알라'의 속성을 99가지로 표현하고 있는데, 이 중 47번째에서 '애정을 가진 자'라고 말합니다.

꾸란 안에서도 "너희 주님께 용서를 구하고, 그분께 회개하라. 실로 나의 주님은 자비와 사랑으로 충만하심이라"**(꾸란 11:90)**라고 표현하고 있습니다.

그렇다면, 우리 하나님의 속성 중 가장 중요한 '사랑'이 이슬람의 '알라'한테도 존재하는 것일까요?

그렇지 않습니다. 위와 같이 꾸란에서 얘기하는 사랑이나 이슬람교에서 말하는 알라의 속성 중 '애정을 가진 자'라는 아랍어 표현에서처럼, '애정'이라는 단어는 아랍어로 '와두드 **Al-Wadud**'라고 하는데, 아랍 문화권에서는 무엇인가를 좋아한다는 일반적인 개념으로 사용됩니다.

그러나, 아랍어 성경에서 하나님의 사랑을 얘기할 때는 '마합바 **Ma-habba**' [20] 라는 다른 아랍어 단어를 사용합니다. 예를 들면, 요한복음 4장 16절에서 "하나님은 사랑이시라"라는 말씀에서 사랑은, 무슬림들이 알라의 속성을 말할 때 사용하는 '와두드'가 아니라 '마합바'입니다.

Chapter 09.
무슬림들이 생각하는 '알라'와 우리 하나님

물론, 무슬림들에게 우리 하나님의 사랑인 '마합바'를 물어본다면, 하나님의 십자가 사랑을 알지 못하기 때문에 당연히 우리와 같이 대답하지 못하겠지만, '인간에게 주어진 깊은 정서' 정도로는 말할 것입니다.

그러므로, 이슬람의 알라에게도 겉으로 보기에는 기독교의 하나님과 비슷한 사랑을 지닌 것처럼 보입니다. 하지만, 우리 인간의 죄를 용서하기 위해서 독생자 예수를 십자가에서 대속 제물로 희생시킨 우리 하나님의 '아가페'적 사랑과는 거리가 멀고, 전혀 다른 개념입니다.

20) '마합바'의 직접적인 어원은 '아합바(to love, like 의미의 4형 동사)'가 아니라 같은 의미의 '합바(to love, like의 의미의 1형 동사)'이다. 그러나, 결론적으로는, '마합바(love), 아합바(to love 4형 동사), 우힙부(I love)' 모두가 같이 가장 근원적인 어원 '합바(to love, like, 1형 동사)'에서 나왔다.

Islam from
the outside

밖에서 본 이슬람, 무슬림 이해하기

Chapter 10.
이슬람의 '알라'와 우리 하나님은 같은가?

이슬람의 '알라'와 우리 '하나님'

그동안 필자가 가장 많이 받은 질문이 바로 이 주제입니다. 이미, 여러 선교사가 신문과 잡지 등에서의 기고와 다양한 매체를 통해 이슬람의 '알라'와 우리 '하나님'은 서로 같지 않다고 언급한 바 있습니다.

그러나, 최근 번역 출간된 '알라'(미로슬라브 볼프, **IVP**, 2016)라는 책을 통해 무슬림들의 '알라'와 우리 하나님이 같은 신인지 아닌지를 다시금 우리 자신에게 묻기 시작했습니다. 왜냐하면, 금세기 최고의 기독교 지성으로 알려진 볼프 교수는 이 책을 통해 이슬람의 '알라'와 우리 하나님을 같은 신으로 묘사하면서 각기 다른 종교에 속해 있으면서도 같은 신을 믿는 것이 가능하다고 결론 내리고 있습니다.

그는 각 종교가 서로의 차이를 내세워 대립하고 배타하기보다는 서로를 인정하고 평화로운 공존의 길을 찾을 것을 제안하고 있습니다. 하지만, 이는 오히려 우리에게 혼동의 여지를 줍니다. 이 사안에 대해서 우리는 둘로 나누어 접근해 볼 수 있습니다.

하나는, 이슬람의 '알라'와 우리 '하나님'은 절대 같지 않다는 전통적 접근이고, 다른 하나는, 이슬람의 '알라'와 하나님은 원래 같다고 말하는 볼프 교수가 말하는 비전통적 접근입니다.

이슬람의 '알라'와 우리 하나님이 같으려면

Chapter 10.
이슬람의 '알라'와 우리 하나님은 같은가?

만약, '알라'와 우리 하나님이 같은 신이 되려면, 이슬람의 '알라'도 우리 성경에서처럼 예수를 십자가에 죽게 해야 합니다. 그리고, 그 다음으로 십자가에서 완전히 죽은 예수를 사흘 만에 무덤에서 부활시켜야 합니다.

그러나, 꾸란 속 예수(이싸)는 십자가에서 죽지도 않았고, 그렇다고, 무덤에서 부활하지도 않았습니다. 그러므로, 예수 하나만으로도 볼 때, 이슬람의 '알라'와 우리 하나님 사이에서는 근본적인 차이가 있음을 발견합니다.

이는, 원래 우리의 하나님과 이슬람의 '알라'가 같은 신이라는 가정 속에서, 성경에는 예수의 십자가 사건과 부활이 기록되었지만, 수백 년 뒤에 기록된 꾸란에서는 그런 내용이 발견되지 않는다는 사실로부터 둘 중 하나가 잘못 쓰였거나, 아니면, 두 기록에 나오는 신은 결국 같지 않다는 것으로 결론 짓게 합니다. 물론, 상당한 시간적 차이를 두고 쓰인 성경과 꾸란 가운데서 서로 그 진위를 가리는 일은 그리 어려운 일이 아닐 것입니다.

● 매우 논리적인 접근

그러므로, 위와 같은 논리로부터 꾸란의 '알라'와 우리 하나님이 다른 신이라고 말하는 것이 훨씬 자연스럽고, 별 의문이 생기지 않습니다.

그런데, 문제는 무슬림들이 '알라' 외에는 어떤 다른 신도 존재하지 않는다는 철저한 믿음을 가지고, 자기들의 '알라'와 우리 하나님이 원래는 같았지만, 후에 성경의 변질 때문에 달라졌다는 주장입니다.

더군다나, 무슬림들의 '알라'는 단일 신이며, 다른 어떤 신도 '알라'와 비교하거나 동등할 수 없다고 가르치고 있습니다. 그러나, 우리 하나님은 이슬람에서 얘기하는 그런 단일 신이 아니라, 성 삼위일체의 유일신이기에 본질적으로 커다란 차이를 가집니다.

🕌 ● '알라'의 저자, 볼프의 주장에 대해서

두 번째로 이번에는 볼프의 주장을 생각할 차례입니다. 이슬람의 '알라'와 우리 하나님은 같다고 하는 그의 주장은 그가 무슬림들의 생각에 동조하거나 다원주의 경향으로 타협한다고 생각하지는 않습니다. 오히려 하나님의 관점에서 복음을 모르는 무슬림들을 생각한 것으로서 하나님에 대한 이해를 돕기 위한 한 방편으로 생각합니다.

볼프는 유대교의 '야훼', 우리 하나님, 그리고, 이슬람의 '알라' 모두가 에덴동산에서의 인간을 비롯한 온 세상의 창조를 주관했으며, 그 뒤 선악과를 따 먹음으로 창조주를 배반한 사건 등 많은 유사 기록을 통해 우리의 하나님과 '원래' 이슬람의 '알라'를 다르지 않다고 생각했습니다.

◀ 이슬람 신비주의로 알려진 수피 종단의 사제, '데르비쉬'들의 예배 모습

볼프가 그의 책, '알라'의 국내 출판을 기념하는 좌담회에서 언급한 것처럼, 비록 이슬람의 '알라'가 삼위일체의 우리 하나님과 신학적 차이를 가지고 달리 해석된다고 하더라도, 무슬림들에게 온전하고도 참 하나님을 만날 통로가 제시되어야 한다는 것은 설득력이 있습니다.

또, 그는 선교학적 입장에서 두 종교의 본질적인 차이점에도 불구하고 이슬람과 기독교의 공존 방안을 모색하는 과정이 필요하다고 말합니다. 그리고, 이를 위해 선교의 상황화 **Contextualization**에 따른 접근 방식으로 진정한 하나님의 사랑을 가지고 타자를 존중하며 이해하면서 복음을 제시할 것을 말합니다.

 ● **아랍 그리스도인들의 하나님도 '알라'**

2천 년 전 처음 예수를 구주로 받아들였던 당시 아랍인들이 지금도 중동 지역에서 면면히 하나님을 찬양하고 하나님의 교회를 세우며 살아가고 있습니다. 비록, 많은 아랍인이 7세기에 아랍지역에서 탄생한 이슬람교를 받아들였으나, 아직도 여전히 아랍어를 모국어로 사용하면서 아랍어로 예배를 드리는 아랍 그리스도인들이 그 땅의 주인으로 살아가고 있습니다.

이들 아랍 그리스도인 모두는 하나님을 '알라'라고 부르고 있습니다. 하나님을 달리 부를 말도 없습니다. 그러므로, '알라'는 무슬림들만의 전용어이며, 우리 기독교인은 하나님을 향해 절대 '알라'라고 불러서는 안 된다는 생각도 잘못된 생각입니다.

호칭에 대한 논쟁에만 머물지 말라

이슬람 백과사전에 따르면, '알라'라는 단어는 이미 4천 년 전, 고대 시리아인으로 알려진 아람인들이 사용하던 고대 아람어 중 '**Alaha**'라는 단어에서 유래되었습니다. '**Alaha**'는 당시 고대 수리아인 사이에서 '**Aloho**'와 히브리어의 '**Elah/Elahim**'의 뜻이 있습니다.

이후, 알라 **Allah**라는 이름은 유대인을 비롯하여 아랍어를 사용하는 정교인, 가톨릭교인 그리고, 현대 아랍어를 사용하는 아랍 기독교인들에게까지 전해져 왔습니다. 그러므로, 우리가 삼위일체의 하나님을 향해 아랍 기독교인들이나 무슬림들처럼 '알라'라고 부르던, 하느님으로 부르던, 용어 자체가 우리를 기독교인이나 무슬림, 혹은, 다른 무엇으로 만든다는 생각에만 머물러 있지 말아야 합니다.

진짜 문제는, 무엇으로 부르던 우리가 그 호칭 안에 내재한 삼위일체의 하나님을 확신하면서 그 의미로 '사용하느냐?', '그렇지 않으냐?'가 훨씬 더 중요하며 본질이 되어야 합니다.

지금, 우리는 예수 그리스도를 이 땅에 보내셔서 십자가를 통한 구속의 은혜로 구원을 허락하신 그런 하나님으로 고백하며 살아가고 있습니까? 그리고, 우리는 그 고백에 합당한 감사를 그분께 우리의 삶으로 표현하며 살아가고 있습니까?

아니면, 입으로는 하나님을 부르며, 찬양한다고 말하면서, 삶이 따라가지 않는 것이 아닐까요? 바로 이것이 우리에게 다른 어떤 것보다 훨씬 더 중요한 사안이어야 합니다.

Islam from
the outside

밖에서 본 이슬람, **무슬림 이해하기**

Chapter 11.
이슬람의 수니파와 시아파, 친구인가?

- 공산주의 이후 두 이념의 갈등
- 이슬람의 변화
- 수니와 시아의 탄생
- 수니와 시아의 단어적 의미
- 두 종파의 가장 뚜렷한 차이점
- 수니파와 시아파 갈등의 뿌리
- 시아파 무슬림들의 '이맘' 사상
- 시아파가 가진 믿음
- 시아파의 '마흐디' 사상
- 시아파의 '타키야' 교리
- 카피르 Kafir가 가진 뜻
- 수니파에 의해 시아파가 '카피르'인 이유

● 공산주의 이후 두 이념의 갈등

이전 세기까지 가장 커다란 경계의 대상이던 공산주의가 무너짐에 따라 그 뒤에 남게 된 거대한 두 이념의 갈등이 더욱 본격화되었습니다. 바로 비자본주의의 이슬람과 자본주의의 기독교가 그것입니다. 지금 두 이념이 중동에서 만나서 충돌을 반복하면서 점차 전 세계로 그 여파가 확산하고 있습니다.

지금 이슬람 세계는 이슬람법이 지배하는 이슬람 공동체를 재건하려고 안간힘을 쏟고 있습니다. 이슬람은 매우 독특한 정치와 사상으로 서구적 가치 체계와 제도에 도전하고 있습니다. 이러한 상황을 분명하게 해 준 두 사건이 1979년 이란 호메이니에 의한 이슬람 혁명과 1991년 중동 걸프 전쟁이었습니다.

당시 이슬람 혁명을 통해 등장한 이란의 호메이니는 당시의 초강대국 미국과 소련을 동시에 인정하지 않았으며, 1980년 이란-이라크 전쟁을 통해 서구 세력에 맞선 인물로 알려져 있습니다. 그는 전 세계에서 폭발적인 이슬람 종교 부흥을 이끌기도 하였다.

한편, 서구 열강에 도전하여 이슬람의 존재를 과시해준 이라크 지도자 사담 후세인도 이슬람 세계의 정치적 영웅으로 떠올랐으며, 그 결과 전 세계 이슬람 근본주의 운동의 확장과 강화라는 결과를 낳게 되었습니다.

이슬람법은 종교와 정치를 분리하지 않는 원칙을 고수합니다.

Chapter 11.
이슬람의 수니파와 시아파, 친구인가?

이슬람의 궁극적 목표는 움마 즉, 이슬람 공동체를 이 땅에 건설하는 것입니다.

그러므로, 이들의 행위는 사회적이고도 정치적 의미를 동시에 갖고 있습니다. 이슬람의 교리와 가르침은 이슬람 사상을 넘어 사회적 사상이며 규범이고 공동체(혹은 국가) 안에서 실정법이 될 것을 지향합니다.

따라서, 최근 중동의 이슬람에 의한 급진적 저항운동은 일시적이고 갑작스러운 표출의 테러라기보다는 근대 이슬람의 정치사상 발전 및 이슬람 운동과 같은 맥락으로 봐야 합니다.

이슬람의 변화

이슬람 안에서의 내부적 변화는 지금까지 두 양상으로 나타났습니다. 하나는 사우디아라비아의 '와하비'나 아프가니스탄의 '알아프가니' 같은 보수적 범이슬람주의와 무슬림 형제단이나 알카에다 같은 급진적 원리주의자에 의한 변화입니다.

다른 하나는, 터키공화국의 건립자 아타튀르크를 통해 나타난 세속주의 이슬람이나 이집트의 무하마드 알리 등과 같은 이슬람의 근대주의자들에 의한 변화입니다.

1990년 이후 이슬람 세계가 당면한 공동의 문제는 크게 세 가지로 나눌 수 있습니다. 첫째는 이슬람 세계의 통일문제이고, 둘째는 이슬람법과 국가주의에 관한 것이고, 나머지 하나는 시온주의를 표방하는 이스라엘과의 갈등 문제입니다.

그러므로, 최근 이슬람의 급진적 성향은 서구 문명의 팽창과 패권주의에 대응하는 한 전략으로 보아야 합니다. 왜냐하면, 개혁을 통해 서구 세력에 상대적 우위를 확보하려던 이슬람은 그 결실을 볼 수 없게 되자, 그 방향을 '급진'으로 전환하게 되었으며, 무슬림들의 봉기와 지하드 **Jihad**의 확대로 이어져 나갔습니다.

이슬람에서 얘기하는 원래의 지하드는 보이지 않는 인간의 내면적 투쟁을 의미하기에 무슬림들 자신도 현재의 폭력적 지하드를 인정하려 하지 않는다. 하지만, 그들에게 항상 보이지 않는 지하드만 존재했던 것은 아니었습니다.

지난 역사 속에서 실제로 비무슬림들로부터 압박 받던 다수의 무슬림이 존재했습니다. 이로 인한 상대적 박탈감과 피해의식에 사로잡힌 무슬림들의 항거는 지금 중동을 비롯한 전 지구촌을 무질서와 새로운 갈등과 분쟁으로 몰아가고 있습니다.

수니와 시아의 탄생

7세기 초 중동에서 시작된 이슬람교가 약 600여 년의 이슬람 제국

Chapter 11.
이슬람의 수니파와 시아파, 친구인가?

(**AD** 632~1258) 시대를 거치는 동안, 이슬람의 거대 양대 종파인 수니파와 시아파 사이에서 나타난 상호 갈등과 충돌은 오늘날, 이 둘 사이를 영원한 결별의 길로 들어서게 했습니다.

현재, 이슬람교 안에서 종파 별 인구 비율을 살펴보면, 세계 무슬림 총인구의 85~90%를 차지하는 수니파와 10~15%를 차지하는 시아파로 나뉩니다. 이 비율과 함께 아래 지도에서도 보이듯이, 시아파는 처음부터 지금까지 수니라는 거대한 바다에 둘러싸인 하나의 섬으로 표현할 수 있습니다.

● 수니와 시아의 단어적 의미

수니는 이슬람의 창시자 무함마드의 가르침인 '순나 **Sunnah**를 따르는 자'라는 뜻이 있습니다. 그러나, 이슬람의 중심 세력에서 정치적으로 이탈된 시아 무슬림들에 대한 상대적 개념으로 보는 것이 오히려 더 타당합니다.

한편, 시아파는 이슬람의 창시자 무함마드 이후 존재했던 총 4대까지의 정통 칼리프 시기 가운데 제4대 칼리프인 '알리'를 따르는 자 **Shi'at' Ali**라는 의미에서 유래되었습니다.

특히, 무함마드의 직계 혈통으로 사촌이면서 동시에, 무함마드의 딸, 파트마와 결혼한 사위였던 '알리'만의 후계자 승계에 정통성이 있다고 주장하는 부분이 수니파의 주장과 가장 어긋납니다.

◀ '수니파와 시아파의 구분은 정치적 견해 차이다.'

🕌 ● 두 종파의 가장 뚜렷한 차이점

그러므로, 두 종파의 가장 뚜렷한 차이점은 교의적 차이를 포함해서 이슬람의 창시자 무함마드의 직계 혈통 칼리프인 '알리'와 그 후손만을 인정하느냐? 그렇지 않으냐? 에 있습니다.

시아파 무슬림들에 따르면, 칼리프 제도 자체가 잘못된 후계자 계승이라고 말합니다. 즉, 당연하게 무함마드에서 알리에게로 직접 계승돼야 했습니다.

왜냐하면, 무함마드의 후계자는 선거에 의해 선출되는 것이 아니라, 신으로부터 선택된 신성한 빛을 받은 후계자여야 하는데, 그가 바로 '알리'라는 것입니다. 따라서, 시아파 무슬림들은 선출이나 세습에 의한 후계자 계승인 수니파의 칼리프 제도를 부인하면서, 직계 혈통인 알리의 후손들로 이어지는 새로운 '이맘'제를 만들었습니다.

물론, 두 종파 모두 단일 신 알라를 향한 믿음만은 같으며 변함이 없습니다. 왜냐하면, 이슬람을 믿고 따르는 모든 무슬림의 핵심 교리 중 하나가 바로 단일 신 알라에 대한 믿음인데, 이는 꾸란에 근거하기 때문입니다(**꾸란 2:163**).

그러므로, 이슬람교 안에서 수니파와 시아파의 구분은 이슬람 신학이 아니라, 정치적 견해 차이로 보는 것이 지금의 양 종파를 이해하는 핵심입니다.

🕌 ● 수니파와 시아파 갈등의 뿌리

요약하면, 이슬람의 역사 초기부터 오늘날까지 계속되어온 두 종파 사이에서의 상호 갈등과 충돌 그리고, 무조건적 적대 감정의 깊은 뿌리는 역사의 사실에서 비롯됩니다. 즉, 시아파의 창시자 제4대 정통 칼리프 알리를 시작으로 당시 시아파의 모든 후계자가 정적이었던 수니파 무슬림들에 의해 무참하게 살해되었습니다.

특히, 칼리프 알리의 둘째 아들 후세인과 그의 모든 가족이 지금의 이라크 땅인 '카르발라'에서 당시 수니파 무슬림들에 의해 살해된 사건(**AD** 680)으로부터 시아파가 정식으로 시작되며, 두 종파가 다시는 합쳐질 수 없는 결정적 사건이 되고 말았다.

그리고, 시아파 모든 무슬림은 이 역사적 비극을 오늘에 이르기까지 1,400여 년 동안 단 한 번도 잊지 않고 해마다 이 사건을 추모하며, 그날의 슬픔을 되새기며 복수할 것을 다짐하며 살아가고 있습니다.

이것이 바로 이슬람 안에서 시아파 무슬림들과 수니파 무슬림들과의 불편한 관계이며, 이 역사적 비극에 대한 해결책이 적절하게 제시되지 않는 한, 이슬람의 두 거대 종파의 화합과 평화는 불가능할 것입니다.

🕌 ● 시아파 무슬림들의 '이맘' 사상

Chapter 11.
이슬람의 수니파와 시아파, 친구인가?

시아파 무슬림들에게 '이맘'의 지위와 존재는 수니파 무슬림들과는 커다란 차이가 있습니다. 수니파에게 이맘은 예배를 관장하는 평범한 종교 사제를 말하지만, 시아파에게 이맘은 가장 위대한 스승입니다. 그들에게 제4대 칼리프로 알려진 알리와 그의 후계 이맘들은 모두 신성한 존재입니다.

즉, 시아파 무슬림들에게 '이맘'은 무오류의 초인적 존재로 현세 문제뿐 아니라 샤리아(이슬람법) 상의 문제에 대해서도 절대적 해석권과 판결권을 갖는다는 독자적 교리가 형성되어 있습니다.

시아파 무슬림들은 우마이야 왕조(**AD** 661~750)에 대항하는 여러 차례의 무장봉기에서 계속 실패함에 따라 심한 박해와 좌절을 겪으며 지하로 숨어 들어갔습니다. 오랜 지하활동으로 인해 그들은 여러 이단적 사상에 물들었으며, 후에 동방에서 기원한 이교적 요소가 다분히 혼합되어 신비주의의 수피즘까지 여기에 가미되었습니다.

그러므로, 중동에서 시아파 무슬림들을 이해하는 핵심은 정치적 책략의 희생자들을 반 신격화된 순교자로 만드는 것에서부터 시작합니다. 이는 중근동의 전통 종교로 자리 잡은 영지주의적 혹은 이원론적 가르침의 영향 아래 발생한 것으로 보이며, 이슬람 외에도 다른 토착 종교와의 혼합적 신앙으로 계속 변화되어 나갔습니다. 이때, 이슬람의 시아 사상에 이슬람이 아닌 다른 외적 요소로부터 새롭게 합쳐지면서 알리와 그의 아들 후세인 그리고, 그의 자손을 향한 믿음으로 이어졌습니다.

● 시아파가 가진 믿음

시아파 무슬림들은 알리를 비롯한 그의 후계자들을 '이맘'으로 부릅니다. 이들에게 '이맘'은 꾸란의 숨어 있는 진짜 의미를 밝혀주어 그들을 암흑에서 광명으로, 타락에서 은총으로 이끌 것으로 믿습니다. 이들의 이맘에게는 완전 무결성이 있다고 믿었는데, 이는 수니파 무슬림들이 그들의 지도자인 칼리프로부터 기대하는 것보다 훨씬 더 큰 것입니다.

또한, 시아파는 알라와 인간 사이에 중재자 개념을 도입하였습니다. 이는 이슬람의 창시자 무함마드가 얘기하는 엄격한 단일 신의 개념보다 오히려 기독교적 선지자 개념에 더 가깝게 보입니다.

시아파에게 이맘은 이 세상 어느 곳, 어느 시대에도 신의 뜻을 밝게 보이게 하며 존재합니다. 또한, 이들에게는 수니파의 메카와 메디나 성지순례 못지않게 이맘들의 무덤을 순례하는 것이 무척 중요합니다. 그중에서도 카르발라(현, 이라크 바그다드 근처)에 있는 이맘 후세인의 무덤을 매우 신성하게 여기며, 많은 시아파가 이곳에 함께 묻히기를 원하고 있습니다.

● 시아파의 '마흐디' 사상

시아파 무슬림들은 수니파 무슬림들과 비교해 볼 때, 어두운 그림자

Chapter 11.
이슬람의 수니파와 시아파, 친구인가?

가 드리운 신앙 즉, 죽음, 순교 그리고, 슬픔에 휩싸인 것처럼 보입니다. 하지만, 한편으로는 '숨은 이맘'과 '오실 메시아'의 뜻을 가진 마흐디 **Mahdi** 사상을 품고 있어서 여기에는 희망의 요소가 잠재되어 있습니다.

대부분의 시아파 무슬림은 열두 번째 이맘의 존재를 믿습니다. 즉, 알리, 후세인 그리고 그의 자손으로 계승되어 열두 번째 이맘에까지 이르는데, 이 중 제12대 이맘은 어린 나이에 당시 아바스 왕조(**AD** 750~1258)에 볼모로 잡혀가 그곳에서 사라졌다고 믿습니다.

그 후, 그는 지상에서 더 이상 보이지 않게 되었지만, 결코 죽은 것이 아니며, 숨은 이맘으로 오랫동안 은둔생활 가운데 언젠가는 마흐디(메시아)로 재림한다고 믿고 있습니다.

🕌 ● 시아파의 '타키야' 교리

시아파 무슬림들은 수니파 무슬림들에 의해 오랜 세월 동안 정치적 고립과 박해를 받아왔기 때문에 일시적으로나마 자신의 시아 신앙을 감출 수 있도록 허용하는 교리가 만들어졌는데, 이것이 '타키야 **Taqiya**' 교리입니다. 이는 자신이 시아파 무슬림임이 드러나면 자신과 가족의 생명 또는, 재산에 손실을 볼 부득이한 처지에 놓이게 될 때 수니파 무슬림들로부터 자신을 위장할 수 있게 했습니다.

이렇듯, 시아파 무슬림들만이 가진 특징을 요약해 보면, 이맘의 무결점, 이맘의 부활과 재림, 타키야(믿음의 변장), 마흐디(구세주) 사상이라 할 수 있습니다. 이는 수니파 무슬림들에는 없는 시아파만의 매우 독특한 전통이며, 동시에 두 종파 사이에서의 쟁점이기도 합니다.

🕌 ● 카피르 Kafir가 가진 뜻

'카피르'라는 뜻은 신앙이 없는 의미를 가진 아랍어입니다. 원래는 '말살한 자'라는 의미가 있는데, 이슬람교에서는 '신의 은총을 말살한 자' 즉, 그것을 '감사하지 않는 자' 또는, '신앙이 없는 자'라는 의미를 포함합니다. 꾸란에서도 '카피르'는 신도가 근접해서는 안 되는 자로, 신이 벌해서 지옥에 떨어지는 자라고 강하고 무섭게 표현합니다.

이슬람 샤리아(율법)에서는 타 종교를 가진 사람들에게는 부담스러울 정도로 많은 행동 원리를 규정하고 있습니다. 게다가, 무슬림들은 자신들의 이슬람 행동 원리에 근거해서 타인의 신앙적 행위를 외향적으로 평가합니다. 그러므로, 일정 집단에 속한 무슬림들은 자의든 타의든 이슬람 샤리아를 안 지키기가 어렵습니다. 이렇듯, 이슬람은 발생 초기부터 지금까지 종교인 동시에 무슬림들의 사고와 생활 전통 양식의 기준이 되어왔습니다.

이슬람에서는 인간을 크게 두 유형으로 나눈다.

Chapter 11.
이슬람의 수니파와 시아파, 친구인가?

하나는 알라를 창조주로 믿고, 그의 법도를 지키는 무슬림이며, 다른 하나는, 창조주 알라의 존재를 부인하는 비무슬림 혹은 불신자입니다. 이슬람에서는 바로 이 비무슬림들과 불신자들을 가리켜 '카피르 **Kafir**'로 부르는데, 이슬람 세계에서 무슬림들과 카피르 사이에는 매우 커다란 등급과 거리감이 있습니다.

무슬림들은 '카피르(까삐르)'를 결코 융화될 수 없는 상대로 생각하며, 심지어, 무슬림들에 비해 낮은 수준의 열등한 자로까지 인식합니다. 왜냐하면, 무슬림들에게 이슬람은 신의 계시를 나타내는 최고의 원리이며, 우월한 종교이기 때문입니다. 무슬림들에게 유대교도나 기독교도는 거룩한 책을 따르는 사람들로 인정되기는 하지만, 여전히 신의 뜻을 확실히 깨닫지 못한 집단으로 여겨지며, 무신론자의 경우에는 아예 무지한 존재로까지 평가됩니다. 심지어, 일부 보수 수니파 무슬림은 수니파 교의를 따르지 않는 시아파 무슬림들조차 '카피르'로 간주합니다.

그러므로, 알라를 따르는 같은 무슬림들 사이에서 한쪽이 다른 한쪽을 '카피르'로 간주한다는 것은 매우 치욕적인 일이 아닐 수 없습니다. 이는 이슬람의 창시자 무함마드의 직계 혈통으로서 강한 긍지를 가지고 사는 전 세계 시아파 무슬림들에 대한 수니파 무슬림들의 강한 도전이 아닐 수 없습니다.

🕌 ● 수니파에 의해 시아파가 '카피르'인 이유

수니파 무슬림들이 시아파 무슬림들을 '카피르'로 취급하는 근본적

이유는 수니파의 교의에서 발견됩니다. 즉, 수니파 무슬림들은 육신六信 오행五行의 이슬람 교의를 가졌지만, 시아파 쪽은 그 교의를 온전하게 따르지 않으며, 약간의 차이를 갖습니다. 그러므로, 수니파의 눈에는 시아파 무슬림들은 하루에 다섯 번씩 기도하지 않으며, 해마다 연례행사로 찾아오는 이슬람력으로 제9월(라마단 월)에 30일간의 단식에도 적극적으로 참여하지 않으며, 무슬림이라면 반드시 의무적으로 가야 하는 메카로의 순례 외에도 수니파 무슬림들에 의해 살해당한 이맘 후세인의 묘소가 있는 '카르발라'로의 순례를 하나 더 추가하는 모습 속에서 수니파 무슬림들의 눈 밖에 날 수밖에 없었을 것입니다.

그러므로, 중동사태의 가장 첨예한 사안으로 등장한 바 있는 소위, '이슬람국가 **ISIS**'에 의해 자행된 수많은 잔혹한 테러 모습도 강성 수니파 무슬림들에 의한 카피르 처형식이었다고 주장합니다. 즉, 수니파 율법에 따르면, 시아파 무슬림들과 비무슬림들은 '카피르'이기 때문에 정당하게 그들의 율법에 따라 처형했다고 주장합니다.

현재, 이슬람 법학자들 사이에서 다신 숭배의 죄를 범한 자들이 카피르인 것에 대해서는 의견 차이가 없습니다. 하지만, 같은 무슬림들 사이에서 '카피르' 정죄에 대해서만은 의견이 일치하지 않고 있습니다.

오늘날에도, 이슬람의 종파 안에서는 누가 진짜 '카피르'인가에 대한 논쟁은 그치지 않고 계속되고 있습니다. 같은 무슬림들 사이에서 수니파는 시아파를 향해, 그리고, 시아파도 역시 수니파를 향해 자기들의 이슬람법과 전통의 타당성을 주장하면서 이를 어긴 상대 무슬림들을 향해 반복된 '카피르' 공방전과 이에 따른 끝임없는 보복전은 지금의 사태를 더욱 혼탁하게 만들고 있습니다.

▶ 누가 진짜 '카피르'인가에 대한
논쟁은 여전히 진행 중이다.

Islam from
the outside

Chapter 12.
무슬림이 예수를 안 믿는 이유

● 바늘방석에 앉아 있는 선교사들

지금 지구촌 안 무슬림들을 향해 복음을 전파하는 우리 선교사는 바늘방석에 앉아 있는 것 같습니다. 또 가끔은 피가 마릅니다. 다른 지역으로 나갔던 친구 선교사들은 하루가 다르게 교회가 부흥되어가고 있으며, 벌써 여러 사람에게 세례를 주었다는데, 이슬람권으로 우리 선교사들은 수년이 지났지만 별로 변한 것이 없어 보입니다.

늘 기도하며 전도할 준비는 되어 있지만, 지역이 지역인만큼 자유롭게 다가가기도 힘들고, 관심을 보이는 사람을 찾아도 늘 조심스럽기만 합니다. 파송 교회로 보내야 하는 기도 서신에는 별로 변화가 없다 보니 딱히 쓸 내용도 없고, 개인적으로 기도를 요청할 현지인도 보이지 않습니다.

정말 가끔은 미안해서라도 남의 형제라도 자기의 기도 서신 안에 써서 파송 교회로 기도를 요청하고 싶습니다. 일부러라도 프로젝트 사역을 하나 만들어 일하는 모습을 보이고 싶은 유혹까지 들기도 합니다.

이런 일들은 지금 국내외를 막론하고 무슬림들을 대상으로 살아가는 모든 우리 선교사의 모습이고 마음일 수 있습니다. 도대체 무슬림을 향한 복음 전파는 왜 이리도 힘든 것일까요?

그들을 향한 하나님의 구원계획을 확신하며, 전지전능하신 하나님의 무궁한 능력을 절대적으로 믿고 살아가고 있지만, 지금 이슬람권 사역 현장에서 살아가는 우리 선교사들은 매우 지쳐 있습니다.

Chapter 12.
무슬림이 예수를 안 믿는 이유

왜냐하면, 좀처럼 이슬람권에서 눈에 띄는 부흥의 소식은 들려오지 않고, 오히려 그 문은 굳게 닫혀 좀처럼 열릴 것같이 보이지 않기 때문입니다.

그렇지만, 지금 무슬림을 향해 복음을 전하는 선교사들이 가진 공통의 고민은, 한 명의 무슬림을 어떻게 효과적으로 그리스도께로 인도할까 하는 것입니다. 즉, 그가 그리스도를 영접하고 나서 제자로 자라기까지의 긴 여정을 어떻게 이끌어 갈까 하는 것입니다. 이에 대한 대답은 아래와 같이 '무슬림들이 왜 그리스도인이 되기 어려운 것인가'에 대한 이유를 찾는 데서부터 그 매듭을 풀기 시작해야 할 것입니다.

🕌 ● 이슬람이 가진 신학적 문제

이슬람 신학의 핵심은 '알라'의 단일성입니다. '알라' 외에는 어떠한 신도 있어서는 안 되며, '알라'와 비교되는 어떠한 존재도 있을 수 없습니다. 그러나, 이에 반해 우리 기독교는 삼위일체 하나님이 아니면 안 됩니다. 성부, 성자 그리고 성령의 삼위가 하나의 하나님입니다. 바로 이 부분에서부터 이슬람 신학과 정면으로 충돌합니다.

그러나, 이슬람 지역에서 무슬림들을 향해 아무리 상황에 맞추고 지혜롭게 대처해야 한다고 해서 예수가 삼위일체 하나님 중 한 분이 아니라 그들의 주장처럼 한 예언자로 전락시킨다든지 혹은 십자가에 돌아가신 분은 예수가 아니라는 그들의 주장을 결코 인정할 수 없으므로 여기에서부터 이미 갈등과 충돌은 시작됩니다.

무슬림들은 알라의 예언자로서 예수가 만약 십자가에 달려 죽었다면, 이는 예언자로서 실패했다고 생각합니다. 그러므로, 알라에 의해 보냄을 받은 예언자 예수는 절대로 십자가에서 죽지 않았다고 주장합니다. 즉, 알라가 예수를 십자가에서 죽기 전에 하늘로 데리고 갔다고 믿습니다.

예수의 십자가 죽음을 빼 버린 것은, 인간의 죄를 대신 짊어지시고 하나님의 진노를 한 몸에 받은 채, 어린 양으로 우리의 죄를 위해 몸값을 치러 주셔서 하나님과 인간을 화평케 하신 중보자 예수 그리스도를 믿지 않는다는 것입니다.

결국, 그리스도의 십자가 사건을 부인한다는 의미는 기독교 신학의 원죄를 부인하는 것이요, 동시에, 그리스도의 대속, 희생, 속죄 또한 전부 부인하는 것을 의미합니다.

그러므로, 우리는 복음 전도 현장에서 만나는 모든 무슬림에게 선택의 기회를 줄 수 있습니다. 즉, 예수를 십자가에서 죽이지 않고, 그냥 하늘로 부른 이슬람의 알라와 예수를 십자가에서 완전히 죽게 하시고, 사흘 만에 죽은 자 가운데서 다시 살리신 후 하늘로 부른 하나님 중 어느 쪽이 진짜 하나님인지를 선택할 수 있도록 도전해야 합니다.

동시에 이슬람 신학에서는 찾아볼 수 없는 하나님의 사랑과 예수의 십자가 사건을 인간의 죄 용서와 구원으로 연결해서 대화할 수 있어야 합니다.

▶ 어린 양으로 우리의 죄를 위해 몸값을 치러 주셔서
하나님과 인간을 화평케 하신 중보자 예수 그리스도

결국, 무슬림들은 어려서부터 하나님에 대한 오해나 그리스도 예수의 십자가 사건의 부정 등을 포함한 수많은 반 기독교 신학을 듣고 배우며 자랐기 때문에 복음 전도의 가장 커다란 장애요인이 되고 있습니다.

● 움마(Umma) 공동체가 가진 문제

지금 전 세계 이슬람권에서는 정교일치를 주장하며 국제적 정치 운동을 전개하는 급진 이슬람 세력이 갈수록 득세하고 있습니다. 정교 분리 사상을 세속화된 서구사상으로 규정하고 배격하면서 이슬람 종교법이 지배하는 세계적 이슬람 종교 공동체, 즉, '움마' 건설을 목표로 하는 이슬람은 타협이나 협상을 모르는 강한 저항 세력이 되어 버렸습니다.

기독교가 하나님과 '나'라는 개인 관계를 소중하게 여긴다면, 이슬람은 알라와 '우리'라는 공동 관계가 더 중요합니다. 그래서, 이러한 무슬림들의 공동 집단의식은 지구촌 안에서 살아가는 십수억 명이 넘는 무슬림들을 하나로 묶어 주는 운명 공동체 성향을 보이며 강한 결속력을 갖게 합니다.

이러한 무슬림 사회에 팽배한 강한 움마(공동체) 의식은 무슬림 배경에서 성장한 뒤 회심한 개종자들에게 이 거대한 이슬람이라는 공동체를 떠나야 하는 강한 결단을 요구합니다.

Chapter 12.
무슬림이 예수를 안 믿는 이유

이는 언제라도 그가 속한 사회에서 배신자라는 낙인과 함께 그의 가정, 직장 그리고 살아가는 집단에서의 이탈을 감수해야 함을 의미합니다. 또한, 움마 의식이 강한 지역일수록 움마를 벗어난 기독교 회심자를 그냥 놓아주지 않으며, 경멸과 조롱 그리고, 심지어 꾸란의 율법에 따라 처단하는 일도 비일비재하게 발생하고 있습니다.

결국, 기독교 회심자들은 두려움 속에서 자신의 터전을 버리고 다른 곳으로 가서 신앙생활을 하거나 안타까운 일이지만, 다시 예전의 이슬람의 삶으로 슬그머니 되돌아가 버리는 결과를 보여 왔습니다.

예수를 처음 믿고 눈물로 회개하며, 주님의 사랑에 감격하며, 그 안에서 참 자유와 기쁨을 만끽하며 살아가는 우리와는 달리 무슬림들은 언제라도 그들의 가족과 사회로부터 버림과 외면을 당할 수 있습니다. 심지어 강경 무슬림들에 의한 테러로 언제든지 죽을 수도 있다는 두려움을 떨치지 못하고 평생을 힘겹게 살아가야 합니다.

수많은 거짓 소문과 오해

지금 이슬람권에서 살아가는 무슬림 대부분은 기독교에 대해 상당한 오해와 편견으로 살아갑니다. 이는 이슬람 지역에 예전부터 이미 팽배한 거짓 소문과 오해로 인한 것입니다.

이에 따라, 무슬림들에게 하나님의 말씀인 우리 성경을 읽는 것조차 막고 있으며, 교회를 찾는 일도 알라로부터 벌을 받을 것 같은 생각에 사로잡혀 있으며, 심지어, 하나님의 은혜와 능력을 체험하고 나서 회심의 순간에 와서도 여전히 없어지지 않은 편견과 두려움으로 망설이는 모습을 자주 봅니다.

이슬람권에서 회심자들 가운데서조차 적지 않은 수가 사회와 가족으로부터 발각될 것에 대한 두려움에 사로잡혀 살아가면서 그리스도를 만나 회심의 결과로 나타나는 진정한 기쁨, 평안, 자유를 제대로 누리지 못하는 경우가 많습니다.

더군다나, 성경이 변질되었다고 믿는 무슬림들이 하나님의 말씀을 직접 접하는 것조차 어렵게 만들어 놓았습니다.

그러나, 공교롭게도 이슬람권에서 회심한 무슬림들 가운데, 하나님의 말씀인 성경을 읽고 결국 자기의 삶을 바꾼 사람의 비율이 가장 높은 것을 보면, 무슬림들이 하나님의 말씀인 성경을 읽게 하는 것은 매우 중요한 일입니다.

 ● **사회가 가진 개종에 대한 문제**

일반적으로 한 개인이 집단 내에서 사람들과의 관계를 통해 형성하고 있는 사회적 위치를 '지위'라고 합니다. 이러한 사회적 지위는 사회 조직의 구조를 형성하는 기본적 단위가 되기도 하고 개인과 사회 구조를 잇는 매개 역할을 감당하기도 합니다.

이와 관련해서 미국의 사회 인류학자 린턴 **R. Linton**은 사회 집단을 사회적 신분으로 분류하면서 출신에 의한 '귀속 지위'(歸屬地位 **As-cribed status**)와 업적에 의한 '성취 지위'(成就地位 **Achieved status**)로 나눕니다.

'귀속 지위'는 개인의 의사나 재능과 상관없이 태어나면서부터 운명적으로 갖게 되는 지위를 말하며, 성별, 나이, 혈연관계, 피부색, 인종 등이 여기에 속합니다.

또, '성취 지위'는 '획득 지위'라고도 하며 개인의 능력과 노력을 통해 후천적으로 획득되는 지위로서 학벌, 직업, 부모, 국적 등이 여기에 포함됩니다.

그렇다면, 린턴의 이 분류에 따르면, 종교는 귀속 지위일까요? 아니면, 성취 지위일까요?

이 질문에서 우리나라 사람과 무슬림들의 대답에는 큰 차이가 있음을 발견하게 됩니다. 즉, 우리나라 사람은 종교를 언제든지 자신의 의지에 따라 바꿀 수 있는 후천적인 성취 지위로 인식하지만, 모든 무슬림은 자기들의 종교를 절대 바꿀 수 없는 선천적인 귀속 지위로 인식합니다.

문제는 지금 무슬림들을 향해서 언제든지 신앙을 바꿀 수 있다고 생각하는 우리 선교사들이 절대 자기들의 신앙을 바꿀 수 없는 것으로 믿으며 살아가는 무슬림들을 향한 것이므로 이는 결코 쉬운 일이 아님을 깨닫게 됩니다.

밖에서 본 이슬람,
무슬림 이해하기
(밖에서 본 이슬람 시리즈 제1권)

● 세계사에서 받은 피해의식

7세기 초, 이슬람 탄생 이후 무슬림들은 실제로 기독교인들과 오랜 기간을 이웃하며 살아오면서 수많은 갈등과 충돌로 서로 간에 깊은 상처와 편견을 주었습니다. 그리고 이 상처와 편견은 무슬림들에게 복음을 전파하는 데 있어서 커다란 장애요인으로 작용해 왔으며, 지금은 세계에서 복음 전파가 가장 어려운 이교도들이 되어버렸습니다.

이렇듯, 세계사 가운데 기독교 국가와 그곳 사람들로부터 무슬림들이 받았던 피해의식은 복음 전파에 있어서 무시할 수 없는 장애요인 중 하나입니다.

대표적으로 무슬림들이 피해의식을 가진 역사적 사건은 네 가지 정도가 있는데, 첫째는, 중세 십자군 전쟁이며, 둘째는, 19세기 서구 제국주의로부터의 침략과 식민 통치이고, 그리고, 셋째는, 1948년 이스라엘의 건국 이후 아랍인으로 대변되는 팔레스타인 민족이 2천년 동안 거주했던 그들의 땅을 빼앗기면서부터 받은 피해 의식이며, 마지막으로는 2002년 미국의 이라크의 사담 후세인 정권을 공격한 사태를 꼽을 수 있습니다.

무슬림들에게는 이러한 역사를 통한 피해의식 가운데 생겨난 상처들과 좋지 않은 감정들로 인해 기독교의 상징인 십자가에 대해 적대의식을 가지게 되었습니다. 또한, 비록 순수한 목적을 가지고 영혼 구원에 힘썼던 서구의 선교사들도 무슬림들의 눈에는 자국의 이익을 추구하는 서구 열강의 앞잡이로밖에 보이지 않았습니다.

▶ 분쟁이 씨앗이 되어 버린 지금의 예루살렘

그리고, 최근 기독교 국가로 대표되는 서구 열강의 정치 외교 활동에 따라 건립된 이스라엘은 전체 아랍 무슬림에게 기독교에 대한 배반과 상처만을 뿌리 깊게 새겨주는 결과를 남겼습니다. 결국, 역사 속에서 기독교인들로부터 당했던 무슬림들의 강한 피해의식과 아픈 감정이 그들을 향한 복음 전파에도 작지 않은 장애요인이 되어오고 있습니다.

현지 그리스도인의 역할 부족

예수께서 우리 그리스도인에게 주신 별명이 하나 있는데, 그것은 우리가 세상의 소금과 빛이라는 것입니다(마 5:13~14). 그러므로, 이제 모든 그리스도인은 세상에서 소금과 빛으로 살아가면서 하나님께 영광을 돌려야 하는 책임과 본분을 가지고 살아갑니다(마 5:16).

그러나, 이슬람권에서 살아가는 소수의 기독교 회심자는 이러한 삶을 살아가기가 매우 어렵게 보입니다. 왜냐하면, 이슬람 사회에서 자라나서 후에 기독교로 회심했던 이들은 과거 무슬림으로 살아갈 때의 생각과 행동을 쉽게 버리거나 바꾸지 못하는 경우가 많기 때문입니다.

비록 예수를 구주로 영접했을지는 모르나 여전히 이슬람적인 사고를 버리지 못하는 현지 기독교인들로부터 잃어버린 영혼에 대한 구령의 열정이나 새로운 피조물(고후 5:17)로서의 온전한 삶을 기대하기 어려운 일입니다.

▶ '이스라엘 건국은 전체 아랍 무슬림에게
기독교에 대한 배반과 상처만을
뿌리 깊게 새겨주는 결과를 남겼다.'

밖에서 본 이슬람,
무슬림 이해하기
(밖에서 본 이슬람 시리즈 제1권)

이러한 일은 이슬람권 선교 현장에서 살아가는 선교사들에게도 나타날 수 있습니다. 처음 이슬람권 선교지에 발을 디딘 선교사들의 공통된 마음은 편하고 안락한 삶을 뒤로한 채, 그 땅에서 한 알의 죽는 밀알처럼 살아가겠다는 것이요(요 12:24), 그리스도가 우리에게 친히 본을 보여주신 것처럼, 그 땅의 현지인들을 진심으로 사랑하며 섬기며 살아가겠다는 것이었습니다(마 20:28).

그러나, 안타깝게도 시간이 흐르면서, 말로는 여전히 한 알의 죽어가는 밀알과 그리스도의 섬김과 사랑을 강조하면서도, 실제 삶에서 그렇게 살아가지 못하는 선교사들이 생기기 시작했습니다. 가끔은 어느새 몸에 배어 버린 율법이라는 매서운 잣대를 가지고 현지 형제들을 날카롭게 지적하는 바리새인들과 별다른 바 없는 삶을 살아가기도 합니다. 이에 따라, 그 땅에서 진정으로 필요한 하나님 아버지의 마음을 가지고 예수께서 말씀하신 삶을 실천하는 사역자들이 점차로 줄어들 수 있을 것입니다.

또, 다른 지역과는 달리 힘든 이슬람권이고, 사역의 뚜렷한 가시적 열매도 보이지 않아서 어쩌면 필요한 재정적인 후원 모금에도 차질이 생겼을지도 모릅니다.

또 가끔은 사역을 접고 본국으로 귀국하고 싶은 생각이 들어도, 이미 시작된 자녀교육을 중도에 포기하기 어렵고, 귀국 후에도 딱히 할 일이 없을 것이라는 생각 등으로 그냥 그렇게 현지에서 타성에 젖어 살아가는 선교사들로부터 선교의 열매를 기대하기 어려울 것입니다.

이슬람권이라는 특수한 상황에서 강제 출국(추방)의 위험을 미리 방지하고 필요한 사항을 지키면서 아주 지혜롭게 사역해야 하는 것은 절대 틀린 말이 아닙니다.

Chapter 12.
무슬림이 예수를 안 믿는 이유

그러나, 지혜로운 처신을 이유로 수년이 지나도록 한 명의 현지인에게도 복음을 직접 전하지 않았거나 혹은 한 명의 현지인과도 개인적인 만남이 이루어지고 있지 않다면, 문제가 있다고 볼 수 있습니다.

이슬람권 선교에 대한 교회의 자세

수년 전, 한국컴퓨터선교회(대표 이영제)가 인터넷을 통해 한 달 동안 해외 선교사 80명과 전국 기독교인 608명을 대상으로 '한국 교회 성도의 선교 의식구조'를 조사한 결과에서, '교회에서 선교가 잘 이뤄지지 않는 원인'으로 관심 부족(67%)이 가장 높게 나왔습니다.

이 조사에서, 성도들의 선교 헌금에 대한 빈번 도를 보면, '매월 한다.'(60%), '가끔 한다.'(28%), '매주 한다.'(6%), '하지 않는다.'(4%), 기타(2%)로 나왔으며, 또, 선교를 위한 기도 시간에 대해서는, '매일 한다.'(35%), '생각날 때만 한다.'(35%), '정해진 시간에 한다.'(16%), '교회에서 함께 기도할 때만 한다.'(13%), '하지 않는다.'(1%)의 순으로 나왔습니다.

오늘날의 선교는 '팀 선교'가 매우 중요합니다. 아울러, '보내는 자 **Sending Body**'와 '보냄을 받은 자 **Going Body**'가 하나가 되어 일해야 하는 시대라고 말합니다.

그러므로, '보내는 자'로서의 한국 교회는 선교사를 돕는 것이 아니라 재정, 기도, 관심을 통해 '함께' 일하는 것에 대한 인식이 매우 중요합니다. 그러나, 아직도 많은 한국 교회가 선교사를 돕는다고 생각하고 있으며, 팀으로 함께 사역한다는 의식은 아직 일반적이지 않습니다.

이슬람권 선교에서 나타나는 또 다른 문제는, 인내하며 기다리는 자세가 매우 부족하다는 것입니다. 무슬림들을 향한 복음 전도의 현장에서 살아가다 보면, 예수를 믿지도 않으면서 다른 나라로의 도피수단으로 세례를 받으려 하거나, 현실적인 재정의 어려움을 해결하기 위해 교회를 찾아와 사역자들을 어려움에 빠뜨리는 경우가 적지 않습니다.

일반적으로, 선교 현장의 한 기독교 공동체에서 예수를 믿는다고 해서 그들이 다 지도자가 될 수는 없는 법입니다. 그리고 예수를 믿었다고 해서 모두 다 같은 성향을 보일 수도 없는 법입니다.

그러므로, 선교사는 회심한 현지 그리스도인들이 그들의 환경과 사회 속에서 하나님의 자녀로서 올바로 살아갈 수 있도록 돕는 것이 매우 중요합니다.

비록 창의적으로 조심스럽게 접근해야 하는 지역이라고 해서 예수를 믿는 형제들이 모두 신학교에 가야 하거나, 지도자가 되어야 하는 것은 결코 아닙니다. 그러나, 우리의 성급함과 실수가 여기에 있습니다.

또 하나 실수는 교회 안에서 어떤 형제가 유능하고 지도자의 자격이 있는가를 가름하면서 그를 지도자로 자랄 수 있도록 훈련하고 가르치려는 노력에만 치중하는 데 있습니다.

그러나, 정말 지도자가 될 사람은 그런 지식이나 훈련에서라기보다는 다른 형제들을 잘 섬기는 자 중에서 선택되어야 합니다. 이 땅에서 주님은 섬기는 자를 원하지, 지도자를 원하지 않습니다. 주님 자신도 이 땅에 섬기러 오셨기 때문입니다(**마 20:28**).

Chapter 12.
무슬림이 예수를 안 믿는 이유

🕌 ● 일하시는 성령 하나님

지금까지 한국 교회가 무슬림들에게 복음을 전하는 과정에서 발생하고 있는 여러 장애요인을 "무슬림들은 왜 예수를 믿기 어려운가?"라는 제목으로 간단히 알아보았습니다. 이런 장애요인으로 인해서 무슬림들에게 복음을 전하는 일이 결코 쉬운 일은 아니지만, 그렇다고 불가능한 일도 아닙니다.

왜냐하면, 이슬람권 선교를 이끌어가는 주체는 여느 교회나 선교사들이 아닌 바로 성령 하나님이시기 때문입니다. 그런 이유로, 위에서 나눈 여러 장애요인에도 불구하고 지금도 국내와 수많은 해외선교 현장에서 무슬림들의 회심 소식이 계속해서 들려오고 있습니다. 이는 선교의 영이시며 선교를 이끄시는 성령 하나님의 인도하심과 일하심 외에는 달리 다른 답을 찾을 수 없습니다.

이제 한국 교회는 세계에서 가장 영적 불모지로 남아있는, 그래서, 복음 전파를 위해 가장 시급한 선교지역으로서 이슬람권을 향해 모든 사역자와 하나가 되어서 하나로 일해야 합니다.

사역자를 선교지로 보내 놓고, 사역자에게만 일임하는 것이 아닌 선교 현장의 무슬림들에 대한 공동의 관심과 애정을 가지고 함께 일하는 동반자적 팀 선교의 모습이 절대적으로 필요한 시대를 살아가고 있습니다.

Islam from the outside

Chapter 13.
중동은 무슬림들의 땅인가?

● 중동 땅의 가치와 평가
● 중동에 관한 우리의 편견
● 종교는 어디에 속하는가?
● 이슬람을 알면 무슬림들이 보인다
● 중동 땅에서 영적 에덴의 회복

중동 땅의 가치와 평가

지금 중동은 충돌, 대응, 변화의 순환이 끊기지 않고 흘러온 지역으로 세계인들의 높은 관심이 결코 멈춘 적이 없던 곳입니다.

현재 중동은 인구순으로 보면 크게 아랍(아랍어), 페르시아(이란어), 튀르크(터키어), 유대(히브리어) 민족과 비록 나라는 없지만, 중동 전체에 흩어져서 살아가는 메데(쿠르드어) 민족까지 포함하면 크게 5대 민족과 그 민족의 5대 언어로 이루어져 있습니다. 물론 이 외에도 소수 민족과 그 언어까지 포함하면 셀 수 없을 정도입니다.

또, 시대순으로 세계 3대 고등종교로 일컫는 유대교, 기독교, 이슬람교가 모두 중동 땅에서 시작되어 서로 비슷한 역사와 문화를 공유하고 있습니다.

세 종교가 공유하는 역사에는 4개의 강을 접했던 에덴동산(**창 2:10~14**)에서의 인류 창조, 인류의 죄악으로 말미암아 물을 통한 하나님의 심판과 노아의 가족 8명을 통한 새로운 인류의 출발(**창 8장**), 그리고, 유프라테스강 인근에서 인류의 종말을 암시하는 '아마겟돈' 지역에서의 전쟁(**계 16:12**) 등을 포함합니다.

이에 중동은 다양한 문화와 민족, 그리고 이에 따른 수많은 언어의 파생으로 인해 결코 쉽게 규정할 수 없는 다양성과 복합성을 내포하고 있습니다. 그러므로, 이런 중동의 특성을 정확하게 이해하지 못하면 자칫 중동을 획일적 판단과 오해라는 틀에 가두어 놓을 수 있습니다.

Turkey

Cyprus

Syria

Lebanon

Israel

Palestine

Jordan

Iraq

Iran

Egypt

Kuwait

Bahrain

Qatar

United Arab Emirates

Saudi Arabia

Oman

Yemen

◀ 중동지도

🕌 ● 중동에 관한 우리의 편견

지금 중동 땅에 살아가는 대다수가 무슬림으로서 이슬람 전통을 가지고 살아가고 있습니다. 하지만, 이들보다 훨씬 이전에 예수를 만나 2천 년 동안 조상 대대로 기독교인으로 살아온 적지 않은 중동 사람을 어렵지 않게 발견할 수 있습니다.

이집트 전 인구에 10%가 넘는 1,500만 명 이상의 콥틱 기독교인을 필두로 아랍 기독교인들, 시리아 기독교인들, 아르메니아 기독교인들이 그 수는 비록 적어도 조상 대대로 세대와 세대를 이어가며 지금까지 중동 땅을 지키며 살아가고 있습니다.

그러므로, 중동 사람들은 모두 무슬림이라는 생각은 편견입니다. 이 외에도, 중동 땅은 전부 사막으로 덮여 있다든지, 중동 사람들은 전부 유목민으로 못 배워서 무식하냐는지, 저들이 석유를 발견하지 못했더라면, 그냥 어떠한 문명도 세우지 못했을 미개한 민족이라는 생각들이 중동을 향한 우리의 편견일 수 있습니다.

더 나아가, 지금 중동에서 살아가는 모든 기독교인이 무슬림들로부터 핍박받으면서 심한 고난 가운데 살아가고 있다든지, 혹은, 모든 무슬림이 '알카에다' 혹은, '하마스' 같은 테러 집단과 연계되어 있어서 중동에만 가면 신변을 위협하는 요소로 가득 차 있다고 생각하는 사람들도 있습니다.

◀ 중동에서 명맥을 이어가는 이집트의 꼽틱 교회

물론, 반대로, 법적으로 종교의 자유가 보장된 중동의 세속주의 이슬람 국가라고 해서 우리나라처럼 자유롭게 복음을 전하고 나눌 수 있을 것으로 생각하는 편견도 있습니다.

한편, 지금 중동 땅에서 살아가는 우리 사역자 중에는 무슬림들이 사용하는 '알라'의 호칭에 대해서 우리 기독교인은 하나님을 부를 때 '알라'라고 불러서는 안 된다고 주장하는 이들도 있습니다. 즉, '알라'는 무슬림들의 신이므로 기독교인들이 절대 사용해서는 안 된다는 것입니다.

그러나, 이슬람 탄생 이전부터 예수를 구주로 받아들이고 믿어왔던 아랍 기독교인들에게 단 한 번이라도 물어보았더라면 이런 주장이 나오지 않았을 것입니다. 이들 기독교인에게 하나님을 부르는 말은 '알라' 외에 다른 선택이 없습니다. 원래 아랍 기독교인들이 하나님으로 사용해 온 '알라'를 무슬림들도 그들의 신으로 부르게 된 것입니다.

 ● **이슬람을 알면 무슬림들이 보인다**

우리의 이슬람권 선교는 이슬람과 무슬림들에 대해 정확한 지식을 갖는 데서부터 시작되어야 합니다. 지금 중동의 무슬림들은 자기들도 예수를 믿는다고 말하지만, 사실 예수의 '하나님 되심'에 대한 믿음이 아니라, 그들의 알라가 보낸 인간 예수를 예언자로 믿을 뿐입니다.

사우디 아라비아 이슬람 성지, 메디나

무슬림들의 믿음에 의하면, 아담, 아브라함, 모세, 심지어 예수까지도 모두 알라가 보낸 무슬림이라고 말합니다.

한편, 꾸란은 알라가 무함마드를 통해 모든 무슬림에게 계시한 최후의 책으로 받아들이면서도 무슬림 대부분은 그 안에 있는 내용에 대해서는 무지하고 무관심합니다.

꾸란에 대해서 알려고 하지 않는 것이 아니라, 꾸란을 읽으려는 노력 자체가 보이지 않습니다. 물론, 무슬림들은 꾸란 자체가 '읽는' 책이 아니라, '듣는' 책이라고 변론하면서 그들 대부분은 들어서 알게 된 지식 하나만으로 평생을 살아갑니다.

이에 따라, 중동 이슬람권 현장에서의 발생하는 복음 전도의 가장 큰 문제는 누군가로부터 전해 들은 정보와 지식이 편견과 오해가 되어버려서 아예 우리의 복음을 들으려고도 하지 않는다는 데 있습니다.

예를 들면, 무슬림들은 성경이 변질되었다는 편견을 가지고 성경을 읽으려는 노력 자체가 없습니다. 그들의 믿음 가운데에는 예수가 십자가에서 죽지 않았으며, 아담으로부터 유전된 원죄도 믿지 않습니다.

원죄를 믿지 않으니 예수의 십자가는 그들에게 불필요하다는 것입니다. 이는 중보자 되시는 예수로 인한 하나님과 인간 사이에서의 화목, 대속, 속죄 사건도 무슬림들 신앙에서 송두리째 빼 버린 것입니다.

하지만, 놀라운 사실 하나는 중동에서 살아가는 무슬림 배경을 가진 수많은 회심자 **MBB: Muslim Background Believers** 가운데 적지 않은 수가 자기들이 변질되었다고 믿던 성경을 읽으면서 그 안에 살아계신 하나님을 발견했으며, 지금도 많은 무슬림이 성경을 통해 그리스도를 만나고 있습니다. 이는 선교의 영이신 성령님의 놀라운 역사가 아닐 수 없습니다.

한편, 일반 무슬림들보다 이슬람에 대해서 해박한 지식을 갖춘 기독교 사역자들은 일상에서의 복음 전파에서 그들의 이슬람 지식이 크게 도움이 되지 않는다는 것을 깨닫습니다.

왜냐하면, 현장에서 만나는 무슬림들을 향해서 사역자가 지닌 이슬람에 대한 지식을 내세우거나, 상대방의 꾸란에 지식 없음을 비판하면서, 혹은, 꾸란의 모순을 찾아 확인시켜 주면서 그들을 올바로 깨우쳐 주려는 일련의 노력으로는 결코 그들을 진리의 길로 인도하기 어렵다는 것을 알게 되었기 때문입니다.

● 중동 땅에서 영적 에덴의 회복

성경 속 에덴은 중동 땅 한 복판에서 하나님의 영과 인간의 영이 100%로 만나고 연합되었던 장소였습니다. 이제 이 땅에서의 영적 에덴의 회복은 중동과 그 땅에 살아가는 사람들을 향한 하나님의 뜻이며 우리의 시대적 갈망입니다.

사막이 아름다운 것은 어딘가에 샘을 숨기고 있기 때문이라고 했습니다. 중동 땅을 향해 우리 그리스도인은 오랜 기간을 한결같이 사막의 샘 되시며, 영원히 목마르지 않은 샘 되신 예수 그리스도를 전하기 위해 수많은 모양으로 헌신해 왔습니다.

중동을 향한 우리 그리스도인의 다양한 삶의 모습을 통해 열사의 땅에 다시 한번 구원받은 자들이 물밀듯이 일어날 것을 믿음으로 확신합니다. 보이지 않는 것을 가지고 세상의 보이는 것들을 상대화하며, 영원한 것으로 일시적이며 금방 없어질 세상의 것들에 가치를 두지 않고 살아가는 모든 사역자를 우리 주께서 늘 지키시며 축복하시기를 간절히 바랍니다.

"중동 땅의 모든 현지인 그리스도인과 사역자들이여, 예수 그리스도의 이름으로 새로운 힘을 얻어 지금 다시 일어날지어다! 지금 살아가는 삶의 현장에서 예수 그리스도의 이름으로 빛을 발할지어다! 예수 그리스도의 이름으로 성결하고 거룩한 삶을 살아가려고 몸부림치는 모든 사역자와 현지 그리스도인들이여, 부디 힘을 잃지 말며, 기나긴 영적 전투에서 이미 승리하신 주님의 이름을 늘 기억하며 담대히 선포하며 살아갈지어다!"

사우디 아라비아 메카에 도착한 무슬림 성지순례객들

Islam from the outside

에필로그 Epilogue

 ● 하나님의 마음 품기

하나님을 믿고 하나님을 아는 이들이 살아가면서도 하나님 마음을 품고 살아간다는 것이 결코 쉬운 일이 아닙니다. 그러면서도 우리는 하나님의 마음을 품고 살아야 합니다. 왜냐하면, 이 마음을 품지 않고 삶의 현장에서 복음을 전할 때 적지 않은 실패와 좌절을 겪기 때문입니다. 결국, 하나님의 마음을 품지 못할 때 모든 그리스도인의 복음 전파는 온전하게 이뤄질 수 없습니다.

그렇다면, 하나님의 마음을 품는다는 것이 정확하게 무슨 의미일까요? 그것은 한 영혼을 불쌍히 여기시는 하나님의 긍휼을 포함합니다. 이를 좀 더 구체적으로 이해하기 위해 성경을 찾아볼 수 있습니다.

 ● 혈루증 여인 이야기

누가 사도는 누가복음 8장에서 회당장 야이로의 딸을 고쳐주시는 예수님의 이야기를 기술하면서 엉뚱하게 길가에 갑자기 나타난 혈루증 여인을 치료해 주신 이야기를 중간에 끼여 넣고 있습니다.

당시 회당장이라는 높은 신분을 가지고 많은 사람으로부터 인정받던 사람의 딸을 고쳐야 하는 긴급한 상황에서도 치료가 필요했던 한 여인의 간곡한 마음을 읽으시고 그냥 지나치지 않은 예수님의 모습 속에서 하나님의 마음을 발견합니다.

당시 모든 사람에 의해 완전히 버림받았으며, 수많은 질시와 냉대 속에서 살아왔을 이름조차 없는 여인 아닌가요? 그러나, 살 가치와 희망이라고는 눈곱만치도 없다고 생각되던 한 무명의 여인이라도 예수님의 눈에는 동일하게 구원받아야 할 귀한 영혼이라는 것을 누가 사도는 분명하게 말하고 싶었을 것입니다.

 ● 탕자와 포도원 주인 비유

누가복음 15장의 '탕자'의 비유로 알려진 이야기와 마태복음 20장의 천국을 설명하는 '포도원 주인' 비유 역시 모두 잃어버린 사람들을 다시 찾고 싶어 하는 '하나님의 마음'이 주제입니다.

아버지를 배반하고 못된 행동으로 집을 나가버렸지만, 그래도 돌아오기만을 바라는 아버지의 마음, 수많은 죄를 지었음에도 뉘우치며 돌아오는 못난 자녀를 진정으로 기뻐하시면서 품어 주시는 아버지의 마음, 포도원 밖에서 날이 저물어 가기 직전까지 일자리를 못 찾고 밖에서 상한 마음으로 서성이는 이들의 마음을 헤아리는 포도원 주인의 마음에서 하나님의 마음을 배웁니다.

🕌 ● 종교개혁 정신으로

매년, 모든 개신 교회가 이제 어느덧 500년을 훌쩍 넘겨버린 '종교개혁'을 기념하고 있습니다. 당시, 마틴 루터는 마음속에 풀리지 않은 질문을 하나 가지고 있었는데, 그건 바로, "구원을 얻기 위해 인간은 무엇을 해야 하는가?"였습니다.

그는 결국, 로마서 1장 17절을 통해 그 답을 얻게 되는데, 후에 이것이 종교개혁의 핵심이 되었습니다. 그러나, 루터가 말했던 '오직 믿음 **Sola Fide**'이라는 말은 오직 '믿음'만 있으면 되고, 나머지는 다 필요 없다는 뜻이 아니었습니다.

루터의 이 말은 하나님의 구원을 받기 위해서는 그분이 주시는 '믿음'이 없으면 결코 불가능하다는 의미였습니다. '믿음' 외에 인간의 모든 선한 행위나 노력을 거부하는 것으로 오해해서는 안 됩니다. 이는 선한 일을 한다고 '믿음'이 생기는 것은 아니지만 우리에게 '믿음'이 없으면 하나님께서 인도하시는 선한 일들을 할 수 없다는 뜻이기도 합니다.

선교 현장에서 살아가면서 이런 종교개혁 정신을 통해서 작지만 매우 중요한 사실 하나를 깨닫습니다. 그것은 하나님께서 주시는 은혜의 '믿음'을 통해 구원을 얻은 우리는 이제 그분의 마음을 가지고 삶의 현장에서 살아가야 합니다.

🕌 ● 종말론적 신앙

이제, 마지막 세대라는 종말론적 신앙을 가지고 사는 모든 그리스도인은 시급하게 예수 그리스도를 전하는 일 외에도 할 일이 더 있습니다. 그것은 우리 주위의 잃어버린 자, 소외된 자, 어려움을 당한 자, 그리고, 버림받은 자들을 애타게 찾으시는 하나님의 마음을 가지고 살아가는 것입니다. 그래서, 우리 주변에 십자가 복음이 필요한 이들이 우리의 헌신을 통한 섬김, 그리고, 수고를 통한 봉사로 하나님을 만나 구원받도록 하는 것입니다. 이것이 바로 우리를 향한 하나님의 마음이요, 우리 주님의 마음입니다.

불의한 청지기 비유

성경에서 난해 구절로 잘 알려진 누가복음 16장에 나오는 '불의한 청지기' 비유에서는 주인의 소유를 몰래 허비한 청지기가 결국 주인에게 발각되어 쫓겨날 위기에 놓이게 되었습니다. 그러자, 또다시 불의한 마음에서 주인에게 빚진 자들의 빚을 탕감해 주게 됩니다. 물론, 좋은 의도라기보다는 후에 자기를 통해 탕감받은 자들이 자기에게 잘해주기를 바라는 불순한 의도였습니다.

그런데, 이번에는 청지기의 지혜로움을 칭찬해 주는 주인의 마음을 이해하기 쉽지 않습니다. 그러나, 이 비유의 제목에 '아버지의 마음'을 붙이게 되면 쉽게 이해가 됩니다. 물론, 이 상황에서 주인은 불의한 청지기의 잘못된 행동을 칭찬한 것이 아니었습니다. 비록 의도는 불순했을지라도 결과적으로 나눔의 혜택을 입고 기뻐하는 어려

운 이웃을 보고 함께 기뻐해 준 주인의 마음이 바로 하나님의 마음입니다. 아울러, 주인은 어려운 이웃들이 불의한 청지기에게 감사하지 않고, 빚을 탕감해 줄 진짜 권리를 가진 주인에게 진정으로 감사할 것을 알기에 청지기를 칭찬해 주었을 것입니다.

그동안 빚으로 괴로워하고 힘들어하던 이들이 진정으로 무거운 짐으로부터 해방되고, 그로 인해 행복해하며, 결국 주인에게 감사하는 마음을 갖게 될 것을 알기에 이에 기뻐하는 주인의 마음이 바로 우리 하나님의 마음입니다.

결국 이 마음이 은혜로 구원받은 우리가 천국으로 갈 때까지 삶의 자리에서 품고 살아야 할 마음이며, 우리가 무슬림들을 예수님의 십자가 복음 앞으로 인도하는 데 꼭 필요한 마음이기도 합니다.

 ● **국내 이주민과 우리**

이제, 우리나라는 더는 선교의 후방일 수 없습니다. 계속되는 외국인들의 유입으로 지금 국내에는 거의 3백 만을 향해 가는 외국인들이 다양한 모습(연구원, 사업가, 유학생, 이주가정, 근로자, 난민 등)으로 우리 교회의 이웃으로 살아가고 있습니다. 향후 이 숫자는 더욱 많아질 것이 분명합니다. 이 중에서도 약 30만을 넘어선 이슬람권에서 들어온 무슬림들이 전국에 흩어져서 살아가고 있습니다. 지금 무슬림들은 국내에 깊이 뿌리를 박으면서 다른 어떤 종교보다도 더욱 교세를 넓히면서 우리 교회를 위협하고 있는 것도 사실입니다.

우리가 알다시피 우리가 그리스도를 증거할 때 어떤 문화적인 것이나 철학적인 것을 전하는 것이 아니며, 또 그래서도 안 될 것입니다. 예전의 우리 실수 중 하나는 어떤 무슬림이 예수를 믿지 않는다고 해서 그의 모든 것을 나쁘다고 판단하거나, 반대로 예수를 믿었다고 해서 그의 모든 것을 무조건 좋다고 판단해온 것입니다. 만약, 정말 그렇다면 한 사람이 예수를 믿은 후에 예수를 닮아가는 과정이 필요 없었을 것입니다.

우리가 그들보다 더 많이 알기 때문이라든지, 기독교라는 종교가 우월하다는 이유로 사역해서는 안 됩니다. 성경 어디에도 기독교라는 이름이 나오지 않습니다. 성경에는 하나님 아버지와 그 아들 예수 그리스도와 성령님이 계실 뿐이며, 하나님의 진리가 있을 뿐입니다. 그러므로, 이제 국내 무슬림들을 향해 복음을 전파하는 과정에서 우리의 문화 체제를 정착시키는 것이 아니라, 오직 그리스도의 진리를 전하는 것이 되어야 합니다. 그것이 우리 열무김치 모든 사역자가 가진 마음이요 정신이기도 합니다.

일반적으로, 무슬림들은 우상 숭배자들은 아닙니다. 그들과 대화하다 보면 그들도 창조주 하나님을 믿고 아브라함과 모세의 하나님을 믿는다고 말합니다. 그래서 이들은 "너희나 우리나 다 같은 하나님을 믿는데 구태여 성경을 읽고 믿을 필요가 있단 말인가?"라고 반문하곤 합니다. 그러므로 형식적이고 교리적인 접근보다는 오히려 성령의 능력으로 사역하게 될 때 승리할 수 있고 그렇지 못할 때 우리도 무슬림들과 별 차이가 없는 사람처럼 보일 수 있을 것입니다.

지금도 정말 많은 무슬림이 수 세기 동안 조상 대대로 믿어 왔던 이슬람을 아무런 생각 없이 그대로 받아들이고 믿으며 살아가고 있습

니다. 이런 상황에서 어떤 기독교인 하나가 "예수는 하나님"이라고 외쳤다고 해서 그들이 수 세기 동안 가지고 있던 신앙을 쉽게 버릴 수는 없을 것입니다. 왜냐하면 "나도 창조주 하나님을 믿고 있다."라고 얘기할 수 있기 때문입니다.

나와 네가 무슨 차이가 있냐는 의미입니다. 별 차이도 없는 것 같은 데 괜히 예수를 믿어서 주변 사람의 반감과 오해를 살 필요가 있냐는 말입니다. "내가 왜 십자가를 져야 한단 말인가?", "별문제 없이 잘 사는데 예수를 믿고 굳이 문제를 일으키고 복잡하게 하겠는가?" 라고 말합니다.

그러나, 우리가 부활하신 하나님, 능력의 하나님, 살아 계신 하나님을 올바로 증거할 수만 있다면 상황은 달라질 것입니다. 그러므로, 무슬림들은 살아 계신 주님의 능력을 체험해야 합니다. 그것을 위한 첫 단계는 먼저 변화 받은 우리 그리스도인의 삶을 통해서 나타나게 될 것입니다.

아무쪼록 더 많은 그리스도인이 무슬림들에게 가까이 다가가기를 원합니다. 그러나 겸손히 섬기려는 자세가 아니면 안 됩니다. 진정한 하나님의 나라는 어느 곳에서든지 참 겸손과 섬기는 자들을 통해 임하기 때문입니다.

이제 우리 모두의 겸손과 섬김을 통해서 이 땅에 하나님의 영광이 온전히 나타나서 하나님을 모르는 저들이 모두 변화 받아 모두 주님을 경배하는 그 날을 믿음으로 바라봅니다.